知的生きかた文庫

JN080429

渋沢栄一
焦らない 悔やまない 心配しない

渋沢栄一
池田　光　解説

三笠書房

はじめに

「人生を最高に楽しむ」渋沢栄一の方法

「天命を楽しんで事をなす」――。

これが、渋沢栄一の〝人生を最高に楽しむ〟秘訣です。

天命とは、儒教の考え方によるもので、簡単に言えば、「使命」「天運」「天寿」のこと。渋沢は、この3つを楽しんで事をなすのが、〝人生を最高に楽しむ〟秘訣だと考えたのです。わかりやすく説明すると、

「**いま、与えられた仕事を楽しむ**」。すると、もっと成果が上がる（使命）。

「**いま、置かれた境遇を楽しむ**」。すると、もっといい運命が引き寄せられる（天運）。

「**いま、生きることを楽しむ**」。すると、もっと幸せに生きられる（天寿）。

つまり、人生を最高に楽しむ秘訣とは、**どれだけポジティブに〝いま〟を生きることができるか**だということです。

生きているこの瞬間を、「焦らず、悔やまず、心配せず」にどれだけ実りあるもの

にするか。そんな渋沢の人生観を、本書のタイトルでわかりやすく表現してみました。「一生、後悔しない生き方」を創造するコツと言ってもいいでしょう。

激動の時代を駆け抜けた渋沢は、明治・大正期の経済界を引っぱり、日本経済の礎《いしずえ》を築きました。「日本資本主義の父」と呼ばれています。近代日本の方向性を示し、一万円札の顔にも選ばれました。

そんな人物が説く人生哲学とは、いったいどのようなものだったのでしょうか？

本書では、渋沢栄一の著述書から、いまを生きる私たちに必要な89個の言葉を厳選し、わかりやすく解説していきます。ここで一例をあげてみましょう。

「できることをやったら、あとは天に任せる」↓34ページ
「そんなものさと思えば、いまを楽しめる」↓46ページ
「今日一日、ただ、楽しく働いてみる」↓１４０ページ

渋沢の言葉は、彼が敬愛した『論語』のように、時代を超え、いまを生きる私たちに役立つ知恵を授けてくれます。本書を読むと、次のような効能が得られるはずです。

◎**渋沢栄一の生きざまと成功哲学がわかる**――激動の時代を生き抜いた渋沢の、実用的な〝人生哲学〟と〝成功哲学〟が学べる。
◎**ものの見方、考え方がわかる**――明治維新の英雄たちと交友があった渋沢ならではの〝人物論〟と、道を誤らないための〝処世術〟が学べる。
◎**正しいお金とのつき合い方がわかる**――「論語」と「算盤」という相反する観点から徹底して考え抜いた〝お金の正しい稼ぎ方、使い方〟が学べる。
◎**孔子の教えと、『論語』の読み方がわかる**――人生や企業経営に、古典をどう生かすかという、私たちに開かれた〝読み方〟が学べる。

渋沢栄一の言葉で、人生が変わる――そんな一冊になるようエッセンスのすべてをつぎ込みました。
どうぞ、本書がみなさまのお役に立ちますよう、心から願っています。

池田　光

1章　運命を拓く　自分を最高に活かすために

2章 生き方

「意味のある人生」を生きる

3章

志の持ち方 「目標」を必ず実現させる法

4章 学び方

本当に「役立つ教養」を身につける

5章

ものの見方、考え方

道を誤らない「処世」の知恵

6章

お金とのつきあい方　お金の「正しい稼ぎ方、使い方」

7章

論語と算盤　富と成功を手に入れる法

8章

自分の磨き方　人に学び、人を活かす

9章

論語の読み方　人生に役立つ「実学」の教え

1章

運命を拓く

自分を最高に活かすために

1

「地に足をつける」から始める

私は決して空理空論をお話し致しはせぬ。
すべて実地に行ってきて、
処世上に益を得た点のみにつき申し述べる。

渋沢の生涯において検証された「稀有な人生指針」

右の言葉は、渋沢栄一が『処世の大道』のなかで語ったもの。「実際とかけ離れた空々しい話など、私は決してしない。すべて、みずからの体験で確かめ、生きるうえでメリットがあったことだけをお話しよう」という意味です。

渋沢は、明治・大正期の日本経済を引っぱった人です。

彼が関与した営利会社は約五百社。わが国に、株式会社を導入し、根づかせました。自分のことよりも公共への貢献を優先し、企業倫理を説き、商工業者の品位を高めようとしました。新一万円札の肖像になるほどの偉大な人物です。

渋沢には、論語や経済や人生論についての著作があります。すべての著作に一貫しているのは、「空理空論を話さない」という姿勢。①**みずからが信じるところを**、②**その人生において試し**、③**効果《けう》があったことだけ**を著作にしました。

だから、渋沢の言葉は稀有な人生指針であり、広く読まれるべき現代の古典だと言えるのです。

1章では、彼の生き方を軸にして、その生涯がわかる言葉を紹介しましょう。

2

「変わること」を、むやみに恐れない

私は攘夷《じょうい》（外国人を追い払うこと）を唱えたが、後《のち》これを改めて通商貿易論者となった。これも止《とど》まるに非《あら》ずして進歩である。

進歩するためには、一度決めた道にこだわってはいけない

天保十一（一八四〇）年、現在の埼玉県深谷《ふかや》市血洗島《ちあらいじま》に渋沢栄一は生まれました。生家は畑作、藍玉《あいだま》の製造と販売、養蚕《ようさん》を行う富農です。幼いころから、父に漢文の初歩的な手解きを受け、やがて『論語』などを学びます。少年の渋沢は学問にのめりこみ、農家の跡取りの域を越えた向学心に不安をいだいた父は、

「お前もかぞえで十四歳になったから、家業にも心を入れてもらわなければならぬ」

と釘を刺します。ときは幕末であり、黒船来航によって世情は騒然としていました。

そんななか、従兄《いとこ》の尾高惇忠《おだかあつただ》は水戸学派に傾倒していきます。彼は、

「国は鎖《とざ》さなければならぬ。夷狄《いてき》（外国人の蔑称）は攘《はら》わねばならぬ」

と、幕府の開港政策を批判。尊敬する従兄にならって、渋沢も外国人を退けようという攘夷論を唱え、倒幕思想へと傾いていきました。

後日談ですが、十数年後、フランスを視察した渋沢の視野は広くなり、開国政策に転じ、通商貿易を支持します。渋沢は、情報を貪欲に吸収すると、広く求めた情報から最善の道を選択しました。**選択の基準は〝進歩に寄与するか〟**だったのです。

3

「あえて親が折れる」べきとき

子が孝をするのではなく、
親が子に孝をさせるのである。

子どもの「独立心」を伸ばす親のあり方

政治思想へと没頭していく若い渋沢。父は、なんとか跡取り息子として家業に落着かせようと一計を案じます。安政《あんせい》五（一八五八）年の暮、十八歳の渋沢に妻を迎えさせたのです。しかし、父の目論見《もくろみ》はうまくいきませんでした。

その後も、従兄の尾高をリーダーとして集まり、密かに倒幕計画を立てます。また、渋沢は単独で江戸に出て、神田の武具商から槍《やり》や刀を調達していました。

機は熟し、二十三歳の渋沢は、決起の思いを秘めて父に勘当を願い出ます。尾高たちも同席して明け方まで談判。決心は揺るがないと見た父は、サジを投げます。

「いつまでもワシの手許《てもと》に留めて置きたかったが、それではかえってお前を不孝の子にしてしまうであろう。もうお前はワシの子ではない。自由にするがよい」

父の言葉は、「家業に従事させようと子を留めると、その決意の堅さから子は家を飛び出さざるを得ず、親不孝な子にしてしまう。**親孝行のままでいさせるには、親が折れるしかない**」という意味。だから、「自由にするがよい」と言ったのです。ここには、子どもの人格を尊重し、独立を認める親の**〝子離れ〟のあり方**が見られます。

4

「頼まれごと」は「喜びごと」

蚊のたかってくるように、
用のたかってくる人になろう。

「社会の役に立つ人」の条件とは？

決起するため、京都に潜伏させていた尾高惇忠の弟・長七郎《ちょうしちろう》を呼び戻します。

しかし、「いま決起しては無駄死になる」という長七郎の必死の諌《いさ》めで、ギリギリのところで倒幕計画を中止。不穏な動きを嗅ぎつけた幕府から、取り締まりの手がおよぶことを恐れた渋沢は、以前から目をかけてくれていた一橋《ひとつばし》家の用人《ようにん》・平岡円四郎《ひらおかえんしろう》の家来となって京都に逃げのびます。**渋沢は役に立つ男**でした。家臣になると、藩の問題点を発見しては建白書を出し、一橋家のために働きます。

ところが慶応《けいおう》二（一八六六）年、徳川十四代将軍・家茂《いえもち》が二十一歳の若さで病死。将軍職を一橋慶喜《よしのぶ》が引き継ぐことになります。倒幕の志をいだいていた渋沢にとって、頭が痛い問題は、倒すべきはずの幕府に仕えなければならなくなったことでした。

ときに幕府では、パリの万国博覧会に、慶喜の弟・昭武《あきたけ》を派遣するという計画が進行していました。窮状を救うかのように、慶喜は、渋沢をその随行者に推挙。臣下になりたての渋沢を抜擢《ばってき》したのは、役に立つ男であると認められたからでしょう。

「蚊がたかるように用のたかる人になろう」というのは、渋沢の口ぐせです。

5

まずは、「仕事を好きになる」

思うところありて官を辞して以来、
商工業というものが
自己の天職である。

渋沢が政界入りを拒んだ理由

明治維新後、昭武に随《したが》ってフランスから帰国した渋沢は、江戸城を明け渡して駿府《すんぷ》（静岡）で謹慎していた慶喜と会見。随行の報告や、異国での見聞を話しました。

渋沢は異国で次の三つに感銘を受けます。

①大衆の金を集めて大規模な営利活動をする〝株式会社〟という制度があった。

②軍人（武士）と銀行家（町人）とが対等に話し〝官尊民卑〟がなかった。

③国のトップが、国益のために売り込みをする〝トップセールス〟であった。

こうした知見を駿府のために生かそうと、渋沢は①に着目し、殖産事業を起こします。静岡紺屋町《こうやまち》に、**日本初の株式会社である「商法会所《しょうほうかいしょ》」を設立**したのです。

折しも渋沢は、新政府から出仕の呼び出しを受けます。雄弁家であった大隈重信《おおくましげのぶ》から諄々《じゅんじゅん》と説得され、明治二（一八六九）年、民部省《みんぶしょう》（大蔵省）の官僚に就きます。

新政府での働きはめざましいものでした。が、財政改革の主張が入れられず、明治六（一八七三）年、大蔵大丞《たいじょう》に昇進していた渋沢は、上司の井上馨《かおる》（大蔵大輔《たいふ》）とともに辞職。下野すると、商工業を振興することに強い決意を持って臨みます。

「世のため、人のため」を考えてみる

一つは自分の利益、
一つは公共のことであるとすれば、
公共の方から処決したくなるのが余《よ》（私）の性質。

「自分の利益を追求していたら、三井や岩崎には負けなかった」

渋沢が尊敬されるのは、その業績の大きさもあるでしょう。が、それ以上に、公共を優先したからです。あるとき、渋沢は家庭の団欒《だんらん》で、こう語りました。

「私がもし一身一家の富むことばかりを考えたら、三井（三井財閥）**や岩崎**（三菱財閥の創始者である弥太郎《やたろう》）**にも負けなかったろうよ**

続けてニッコリ笑うと、「これは負けおしみではないぞ」（渋沢秀雄《ひでお》〈渋沢の子息〉『明治を耕した話』）と念を押しました。

岩崎弥太郎は大志をいだいていたものの、「個人経営」を主張。渋沢は、株式制度の考え方（合本主義）を導入し、公共を優先しました。二人の考え方が相容《あいい》れなかったことは有名な話。――公共を優先する裏で、渋沢は次の三つを抑制しました。

①大政治家となって〝権力を得る〟という**野心を持たない**。
②大実業家となって〝名を上げる〟という**功名心を持たない**。
③大富豪となって〝金儲けする〟という**欲望を持たない**。

このように私欲を強く自戒したのです。

7

「人生の支えになる本」を見つける

民間に品位の高い実業家が現われ、率先これに当るようにせねばならぬと感じた事が、私を論語の鼓吹者《こすいしゃ》（励まし広める人）に至らしめた。

「お金に対する品位」が、会社の社会的地位を向上させる

実業家にはつねに「お金」がまつわり続けます。それだけに、**お金に対する品位**が求められます。これを欠くと、個人の利益を追求し始め、堕落しかねません。

渋沢はみずから、品位の高い実業家であろうとしました。このときに求めた教えが『論語』でした。

ところが、江戸時代においては、『論語』は政治をおこなう武士のものでした。農工商に従事する人びとが学ぶものではなかったのです。

「**論語の教えは広く世間に効能があるので、元来解《わか》りやすい**ものであるのを、学者がむずかしくしてしまい、農工商などの与《あず》かり知るべきものでないというようにしてしまった」(『論語と算盤』)

と、渋沢は憤ります。**『論語』こそが、人びとの品位を高めるのに効果がある**はずです。そのため、渋沢は『論語』を規準にした生き方を貫き、普及に努めました。

彼の功績のひとつは、『論語』を広く人びとに開放したことでしょう。

8

ときには「損得を忘れる」ことも大事

どうしても必要と信じた事業に対しては、損失を堪え忍んで最後まで踏みとどまって努力し、多くは目的を達成した。

渋沢が、たとえひとりになっても事業を続けた理由

渋沢が関与した営利会社は五百社を越えます。どの会社も名前だけを連ねるという名誉職ではありません。**実質的に関与**しました。なかには、なくてはならない事業として、損失に耐えても経営を維持しようとした会社があります。その一例が、明治二十（一八八七）年に設立された東京人造肥料会社（現在の日産化学工業）です。

のちに世界的な化学者となる高峰譲《たかみねじょう》（一八五四〜一九二二）は、英国留学から帰国すると、化学肥料製造工場の有用性を日本に紹介しました。

さっそく渋沢栄一、浅野総一郎《あさのそういちろう》（現在の太平洋セメントの創業者）、益田孝《ますだたかし》（三井財閥を支えた実業家）などが図り、当時の財界人が発起人となって、東京人造肥料会社を設立。渋沢が委員長を務め、高峰が技師長に就任します。

しかし、業績は思わしくなく、工場が火災によって失われるにおよんで、同志たちは腰を引き始めます。ついに渋沢は、「諸君が解散を希望されようとも、わが国の将来のため、**私が株式のすべてを引き受けて経営をします**」と言明。その不退転の決意によって事業を軌道に乗せました。

9

どんな人も「何かの役に立っている」

何もせずに暮らすは一つの罪悪である。

「生涯現役」をムリなく続けるコツ

昭和五(一九三〇)年十二月のこと。九十歳の渋沢は、風邪と熱のために寝込んでいました。そんなとき、社会事業家たちが渋沢に面会を求めてきます。

「年末の寒さと飢えで、二十万人もの人びとが苦しんでいます。なのに、政府は予算の裏づけがないからと救護活動をしてくれません。政府に働きかけてほしい」

という陳情です。渋沢は、

「老いぼれの身でお役に立つかわかりませんが、できるだけのことはしましょう」

と快諾。さっそく家の者に命じて、大蔵大臣と内務大臣に面会の申し込みをさせます。身体を心配した家族や主治医が引きとめるなか、

「先生のお世話で、こんな老いぼれが養生しているのは、せめてこういう時のためですよ。もしこれがもとで**私が死んでも、二十万人の不幸な人が救われれば、**本望じゃありませんか」(渋沢秀雄『渋沢栄一』)

と出かけます。救護法は翌年、渋沢の没後に実施の運びとなりました。「**役に立たぬくらいなら死んだほうがよい**」とまで語った、渋沢ならではのエピソードです。

10

「できること」をやったら、あとは天に任せる

真の安心立命《あんしんりつめい》は
天にあると信じておる。

「たとえ自分が死んでも、誰かが評価してくれる」

心配しない――そんな精神的な安住の境地を、渋沢は儒教に求めました。

宗教では〝祈る〟ことによって心を穏やかにします。では、儒教ではどうするのでしょうか。人力がおよぶかぎり、**やって、やって、やって、やって、やり尽くしたあとは、わが身を天に任せた**のです。何ひとつ思い残すことがないまでにやって、天命に委ねることが、心に煩《わずら》いがないという〝**安心立命の境地**〟です。

昭和六（一九三一）年、渋沢は病のために衰弱していきます。病状についての見通しや、病名さえも一度も聞くことはありませんでした。病床では、冗談めかした口をきき、文句を言わない、おとなしい病人でした。生死のことは天に任せたのです。同年十一月、渋沢は九十一歳の生涯を閉じます。直腸がんでした。

「それは晏如《あんじょ》として『天命』の上に仰臥《ぎょうが》している感じだった」（渋沢秀雄『渋沢栄一』）と子息の渋沢秀雄は報告しています。経済界に対しては、「たとえ私は死にましても、タマシイはみなさまのご事業を守護いたします。どうか邦家のためご尽力ください」（同書）という言葉を遺《のこ》しました。

11

「愉快に、活発に働く」のが価値ある一生

社会のため、国のため、愉快に活発に働いて、
本分をつくすが、
人としての価値ある一生。

世のために尽したからこそ、死を悼む四万人が列をなした

幕末のころに、渋沢は将軍慶喜の弟・昭武の随行《ずいこう》として欧州各国を訪問したことはすでに述べました。こうした体験から学んだことを生かして、社会や国のために働き続けました。――世のために生きたのです。しかも「**愉快に活発に働いた**」と言い、「**人として価値ある一生**」だと、右の言葉でまとめています。

渋沢が没した昭和六（一九三一）年、子息の秀雄は、短歌雑誌の『アララギ』を繰っていて、「渋沢栄一翁の逝去を悼《いた》む」と題した一首を見つけました。

「資本主義を罪悪視する我なれど　君が一代《ひとよ》は尊くおもほゆ」

そのころは、プロレタリア運動が盛り上がっていました。短歌の投稿者は、資本主義を罪悪視するプロレタリアートだったのでしょう。秀雄は、

「誠実に働き通した父の一生は、人生観や社会観のちがう若い人にも、この歌のような例外的共感を呼びおこしたと見える」（渋沢秀雄『渋沢栄一』）

と感想を記しています。渋沢の葬儀は、青山斎場でおこなわれました。式場や霊柩車が通る沿道には、四万人を越える人々が参列しました。

パリ万国博覧会にて。和装姿の渋沢栄一。

2章

生き方

「意味のある人生」を生きる

12

「自分の使命は何か」考えてみる

この世に生まれてきた以上は、
必ず世のためになるべきことを
為《な》す義務があると信ずる。

自分の利益より社会の利益を優先する「大我の人生」

人は、自分の意思で生まれたのではありません。直接的には父母のおかげで生まれてきました。しかしもっと深いところで、大きな意思がこの世に自分を誕生させたのではないか――渋沢は次のように言います。

「造物主なるものがあって、何事をか為さしむべき使命を与えて、己をこの世に現した」（『青淵百話《せいえんひゃくわ》』）

自分が生まれたのは造物主の意図によるものであり、天の使命を与えられて生まれてきたということです。渋沢はそう受け止めたからこそ、「**社会の事、公共の事にはできるだけの貢献をなし、その使命をまっとうしたい**」（同書）と、一身の利益をかえりみず、大我の生涯を送ったのです。

自分の人生を自分のためだけに生きるのでは、小我の人生で終わってしまいます。もちろん、そういう人生も悪くありません。また、否定することでもありません。ですが、リーダーを志す人なら、**みずからの責任において、天の使命を果たしていく**という覚悟を求められるでしょう。

13

「自分にできること」を全うするだけ

人間の本分を尽くして、
自己の働きによって倒れるまで力《つと》め、
それ以上は天命に俟《ま》つべきである。

「自分の本分」を尽くすのが、人間の天命である

大意はこうです。「人間として生まれたなら、人として尽くすべき義務については、やって、やって、やり尽くすこと。あくまでも自分の働きによって、倒れるまでやり尽くす。しかし、それ以上は天の領域だから、あとは天の采配《さいはい》にお任せしよう」

右の言葉に出現する「本分」という用語は、現代では死語に近いでしょう。意味は、その**人が尽くすべき本来の義務**、ということ。

では、そこまで尽くせば、あとは天がバトンタッチして、いい方向に導いてくれるのでしょうか。それは保証のかぎりではありません。

なぜなら、天の領域のことだからです。私たちは、そんなことを思い煩うことなく、人の領域に属することを倒れるまでやればいいのです。渋沢は、

「人は天命に逆らうことなく、死生富貴《しせいふうき》を度外に置き、自分の為すべき本分を務むべきである」（『処世の大道』）

と言い切ります。人の領域で生きる私たちは、自分がなすべき本分を倒れるまで務めるだけ。すると、「後は天に委ねよう」という安心立命の境地に至るものです。

14

「つねに心安らかに」生きるコツ

安心立命を得ておらぬ人は、
何か事件が起これば、すぐうろたえ、
毫《ごう》も泰然たるところがなくなってしまう。

平常心で生きるために必要な「安心立命」の精神

わが国の近代文学に多大な影響を与えた俳人・正岡子規《まさおかしき》。彼は、『病牀六尺《びょうしょうろくしゃく》』のなかで、こう語っています。

「悟りといふ事は如何《いか》なる場合にも平気で死ぬる事かと思って居たのは間違いで、**悟りといふ事は如何なる場合にも平気で生きて居る事であった**」（正岡子規『病牀六尺』）

日々の暮らしのなかで普通に生きていた人が、「余命六カ月です」と告知されると、どうでしょう。平気で生きていけるでしょうか。子規の「如何なる場合にも平気で生きて居る事」とは、告知された日も、されなかった日も、普段と同じ調子で生きるということです。これが、子規が発見した〝悟り〟です。

では、平気で生きるには、どうすればいいのでしょうか。右の渋沢の言葉が参考になります。要約すると、「安心立命を得ておらぬ人は、何か事が起こるとうろたえ、平気でいられない」。逆に言えば、安心立命が得られたら、人は事に動じることなく、平気で生きることができるはず……。渋沢は、倒れるまで人事を尽くして、その後はすべて天に任せました。悔やまない心境に至ることで、安心立命は得られます。

15

「そんなものさ」と思えば、いまを楽しめる

満足はあり得べからざるものと、
分を知り、足るに安んずれば、
苦情も起らず、下らぬ心配もない。

小さなことにくよくよしなければ、天寿を全うできる

激動の社会を生き抜き、九十一歳の長寿を全うした渋沢。彼は、健康を保つために心がけている、二つのことを挙げています。

◎物事に屈託しない――屈託とは、くよくよすること。何かを気にして心配すること。心配しすぎると、精神だけでなく、肉体にもダメージを与えます。健康には、取り越し苦労が禁物。そのためには、物事に屈託しないことです。

◎気を転じる――気分を変えること。たとえば、なかなか解決しない問題があると、とても気になるものです。そんなときは、いったん棚上げすること。そして、別の方面に思考や気持ちを転じれば、意外なところから解決のヒントが湧くことも……。

物事に屈託しないことも、気を転じることも**〝心を煩わさない〟**ことです。

右の渋沢の言葉を要約すると、「人の世は不足しがちのものだ。不足してあたり前だという前提に立ち、与えられたものに満足しよう」ということ。たとえ足りなくても、「そんなものだ」といまを楽しめば、くだらない心配をしなくてすみます。与えられたものを肯定して受け取ることが、「足るを知る」ことです。

16

「恐れない」

信念さえあれば、
皆この意気を持って
世に臨み得らるるものだ。

信念さえあれば、恐れることは何もない

明治二十五（一八九二）年、渋沢は二頭立て馬車に乗って、伊達宗城《だてむねなり》伯爵の病気見舞いに向かっていました。ある交差点にさしかかると、物陰から二人の暴漢が出現。彼らは剣を抜くと、馬車に襲いかかります。この襲撃事件に、渋沢はまったく動じることなく、無事に避難することができました。そのとき、渋沢の脳裏には、

「匡人《きょうひと》、其《そ》れ予《わ》れを如何《いかん》せん」（『論語』子罕《しかん》篇）

という言葉が想起されていました。こんなエピソードです。

孔子（儒教の祖）の一行は、匡の地で警備隊に取り囲まれます。そのとき孔子は、自分には脈々と受け継がれている文化（祖国に伝わる礼学の文化）の伝統があるが、これを天が滅ぼそうとするなら私はここで死ぬだろう。しかし、この文化を天が守ろうとするなら、このようなところで死ぬはずがない――この信念によって、「匡の人たちに、わが身を殺せるものではない」と言い放って、泰然としていたのです。

渋沢は、襲撃事件を孔子のエピソードに重ね合わせて、「暴漢に襲われようと、**天が生かせてくれるならば、殺されるはずがない**」と、動じませんでした。

17

「道理」で判断すれば、心配はいらない

物事は、
道理に照らして判断するのが
最も安全な法である。

判断の「ものさし」は、どうつくればいいか？

次の三つのものさしを比較したうえで、渋沢は三番目をすすめます。

①私利のものさし――得するか損するかを測るものさし。たとえば、「利によりて行えば、怨み多し」(『論語』里仁《りじん》篇) と孔子が警告するように、自分の利益になるよう損得勘定すると、人びとの怨みを買いやすい。長い目でみれば、身を滅ぼします。

②利他のものさし――他人の利益を図るものさし。一見よさそうに見えますが、渋沢は「宋襄《そうじょう》の仁」の故事をあげ、このものさしの弱点を突きます。――紀元前の昔、敵軍が川を渡り始めて、陣列が乱れます。攻撃する側にとっては、絶好のチャンスです。しかし宋の襄公《じょうこう》は「卑怯なことをしない」と攻めず、敵の陣列が整うまで待って大敗。人びとは、襄公の情けを「宋襄の仁(無用の情けをかけること)」だと笑いました。利他は「宋襄の仁」になる危うさがあり、身を滅ぼしかねません。

③道理のものさし――人の道に照らして、理にかなっているかどうかを測るものさし。単純な尺度ではありません。が、道理に照らすと道を誤りません。そんな見識を持つには、**『論語』などの古典を読んで、よりどころとなる規準をつくる**ことです。

18

「私を慎む」と、自然と「道が拓ける」

意《い》、必《ひつ》、固《こ》、我《が》の四つは、
誰にもなくてはならぬものであるが、
この四つには決して私《わたし》があってはならない。

孔子が実践した「四つを絶つ」教え

孔子は「四つを絶つ」(『論語』子罕篇)として、意、必、固、我の四つを慎もうとしました。なぜ慎んだかと言うと、これら四つには「**私意**(私情を交えた公平でない心)」が含まれるから。私意があると、道理にかなわない行動をします。

①意とは、心のなかで損得をはじき、独善的な計算をすること。
②必とは、こうあるはずだ、と先入観をもつこと。
③固とは、かたくなで譲らず、固執すること。
④我とは、自己中心の思いにとらわれて、円満を欠くこと。

これらから「**四つを絶つ**(**私意を慎む**)」と、人は大我に生きることができます。

①意を慎む——独善的にならない。
②必を慎む——先入観がなくなる。
③固を慎む——固執しなくなる。
④我を慎む——人と和し道理にしたがう。

私意を慎めば、道理が働き始めます。道理に照らして判断する——これが見識です。

19

「笑顔」をつくるだけで「運が向いてくる」

いつの場合でも
孔子の「九思《きゅうし》の教」を守るように心掛け、
自分の盲動が道理にもとらぬように努めてきた。

変化に翻弄されないための「九つの思慮」

渋沢が生きた時代は、歴史的な転換期でした。激動の荒波に翻弄されながらも、渋沢が**順当な人生を送り、志を遂げることができた**のは、「九思（九つの思慮）」（『論語』季氏《きし》篇）を守るようにしてきたからだと言います。九思とは何でしょうか。

①見る――物を見るときは、蔽《おお》ってしまうことなく明らかにする。
②聞く――聞くときは、誤ることなく事物の真相や実体を得ようとする。
③顔色――顔つきは、温和にする。
④態度――身ぶりは、恭《うやうや》しく慎み深くする。
⑤言葉――ものを言うときは、忠実で言行一致させる。
⑥仕事――仕事をするには、慎重に軽はずみがないようにする。
⑦疑問――わからない点は、師や友に聞いて解決する。
⑧怒り――腹が立っても、我を忘れず、後難を考えて忍耐する。
⑨利益――利益を前にすると、それが道義にかなうかどうかを考える。

なかでも⑧⑨によって、渋沢は思慮の浅い行動を避け、筋道から外れませんでした。

20

「偏らず、中正を保つ」すごい効果

中庸の徳は
臨機応変、千変万化、
最も適した道をとってゆける。

最適の道から外れないための「生き方」

渋沢はその長い生涯において、明治維新の英雄をはじめ、さまざまな人びとに出会いましたが、中庸を得た人は極めて稀《まれ》であったと述懐しています。

「この人は手腕があるなと思うといわゆる中庸を失って過ぎており、この人物はしっかりしているなと思うと及ばぬ処があって、中庸を得た人は極めて少ない」

あるとき、渋沢が出会った英雄肌の人物は、ずば抜けた長所がある反面、バランスが欠けていたそうです。――そんな渋沢が選んだ生き方は、中庸でした。

中庸とは、**一方に偏らず、中正を保つ**こと。

中庸を得た人は、「私意（私情を交えた公平でない心）」に縛られていないので、臨機応変に対応することができます。その人の行動が、まわりの人びとから見ると千変万化に映るのは、都度、最適の道を選んでいるからです。このように、中庸とは、時処位＝TPO（Time＝時間、Place＝場所、Occasion＝場合）に応じて柔軟に対処すること。その柔軟性は、水に似ています。渋沢が**中庸の道を選んだのは、過ちが起こる心配がない**からです。だから道を外さずに進んでいくことができたのです。

大蔵省時代の渋沢。

3
章

志の持ち方

「目標」を必ず実現させる法

21

何事も「理想」から始まる

目的には、理想が伴わねばならない。
その理想を実現するのが、人の務めである。

最後に生き残るのは、「社会本位の理想」

目的を立てるときに、心得ておきたい二つの条件があります。

◎目的には理想が伴わなければならない。

理想が伴っていない目的は、自己本位の目的になってしまいがち（たとえば、お金を儲けようという目的など）。世に役立とうという理想を描けば、何をすべきか展望が開けます。そして、「**その理想をぜひ実現せしめようというのが、すなわち目的を立てた効能である**」（『経済と道徳』）と渋沢は言います。志とは、この理想を実現しようという覚悟にほかなりません。

◎お金儲けを目的にすると応援されない。

お金を儲けさえすれば勝ち組だとばかり、利益追求を目的にすると、まわりが応援してくれません。自己本位だからです。そうではなく、社会本位の理想をかかげ、「**道理に適うて必ず成功せしめる**」（同書）という人に、まわりが応援してくれます。

渋沢は、お金儲けを否定しているのではありません。理想を実現させようとした結果として、お金が入ってくるということです。

22

「志」とは、必ず実現するもの

堅く決心して成し遂げようとした志は、
決して他から奪われるものでなく、
必ず成し遂げ得られる。

「志の形」は変わっても、「思い」は変わらない

渋沢の志は、三度の変遷をしました。ですが、志の底流を流れる〝公益のために働く〟という思いは一貫していました。

①少年期の志――農業の知識や技術を開発して、一村一郷の公益を図ろうとした。

②青年期の志――尊皇攘夷によって新しい国づくりに寄与しようとした。

③下野後の志――明治六（一八七三）年、民部《みんぶ》（大蔵）官僚であった渋沢は、下野すると、商工業者の地位を向上させ、商工業を隆盛にしようとした。

③に至って、渋沢の志はびくともしないものになります。その後も、内閣に入ってほしいという要請がありましたが、渋沢は意志を貫いて応じることはありませんでした。このとき、渋沢の脳裏には、『論語』の一節がありました。

「大軍であっても、軍の総大将を捕らえることはできる。しかし一人の男と雖《いえど》も、心が堅ければ、その志を奪うことはできない」（『論語』子罕篇）。

下野後の渋沢は、商工業者の地位を向上させ、商工業を隆盛にしようと決意しました。その志は堅く、**誰も奪うことはできなかった**のです。

23

「ひとつに絞る」から「すごい力」が出る

世に立つには志を一つにしなければならぬのに、現代青年の多くは、目前の小利に囚《とら》われて、二つにも三つにもして平然としている。

「大局に眼を注ぐ」ことが志を立てる

「世の中で大成するには、志をひとつにして、これを貫徹しなければならない。なのに、現代の青年は目の前の小さな利益にとらわれ、あちらの小利に食いついたり、こちらの小利に食いついたりして、よくも平気でいられるものだ」という意味です。

右の渋沢の言葉の「現代青年（現代の青年）」とは、大正期の若者たちのことですが、いまも通じる悩みでしょう。青年の特権は、大きな夢を描けることです。視野を広げれば、次のように発想が変わるはず。

①〝長期的な時間軸〟で物事を考えるようになる。
②〝全体最適化〟の発想をする。
③これまで見過ごしていたような〝情報〟に、意味を見いだす。

ところが、視野を狭めると、短期的で、部分最適化をし、情報は制約され、小利や私利にとらわれ始めます。詐欺にひっかかるのは、そんなときです。

渋沢は、青年の視野が狭くなっていく傾向に警鐘を鳴らしています。もっと大きく眼を開き、ひとつに絞った、生涯を賭けるにたる志を描くことです。

24

「じっくり決めて、まっすぐ進む」のが人生

自分の長所と短所とを比較考察し、
その最も長ずるところに向こうて
志を定めるがよい。

志は「いったん固まったら、貫くこと」が大事

では、どのように志を定めればいいのでしょうか。

◎環境の制約があるのはあたり前。そんななかで長所を生かす。

たとえば野球が得意で、これが長所だとすると、自分の才能と努力でどこまで社会に通用するかを修養期間のうちに見きわめます。プロを志すか、高校野球のコーチを目指すか、野球チームのスタッフを志願するか、さまざまな選択肢があるでしょう。

このときにチェックすることは、まわりの環境が夢を追うことを許してくれるのか、自分の長所はどこまで通用するのかの二つです。

◎「四十歳にして惑わず」の孔子の事例に学ぶ。

孔子は十五歳にして学に志しましたが、このときの志は定まったものではなかった、と渋沢は分析します。それは、「さあ、これから大いに学問するぞ」というくらいの気持ちであって、「四十にして惑わず」という段階におよんで、孔子の立志は固まったと渋沢は考えたのです。つまり、**志はじっくり固めていけばいい**ということ。

しかし、**いったん固まったら、これを貫く**こと。でないと、ものにできません。

25

「覚悟を持つ人」に、困ったことは起きない

独立独歩とか、立身出世とかいう事も、
素《もと》をただせば争いを辞せぬ
覚悟のあるところより来る。

「争うこと」と「妥協しないこと」の違いを知る

世の中には、頭から「争うことはいけないことだ」と決めつける人がいます。

しかし、〝争うことも辞さない〟という覚悟がなくて、どうして自分の信じる道を貫くことができるのか、と渋沢は反論します。これは、卑屈になるな、安易に妥協するな、自分の独立は争ってでも守れ、ということです。

争うことに主眼があるのではありません。**信じる道を貫く覚悟があるかどうか**です。たとえ相手が上司や目上の人であっても、この気概を貫くのでなければ、長いものに巻かれるだけ。国にも、組織にも、同様の気概が必要です。

では、渋沢はよくケンカをしたのかというと、そうではありません。それどころか、一度も拳を振りあげたことがありませんでした。渋沢の争いは、もっぱら議論のうえでのことです。しかも、争ったあとでフォローする、という配慮をしています。

ところで、**どうしても争わなくてはならない相手が、自分**です。「このあたりで妥協しよう」と弱気になったところで、志は折れます。自分の軟弱な心こそ、信念を貫くにあたっての最大の障壁です。

26

「心の持ち方」ひとつで、人生は一変する

人は如何《いか》に貧窮したからとて、
心の持ちよう一つで
如何にでもなる。

道を楽しめば、どんな困難も問題ではなくなる

孔子の愛弟子に、顔回《がんかい》（前五二一～四九〇）という人物がいます。弟子のうちでも第一の秀才で、孔子の後継者として期待されていました。しかしその暮らしは、とても質素なもの。ある日、孔子が顔回の暮らしぶりを称えたことがあります。

「立派だねえ、顔回は」と孔子は感嘆します。「竹の食器によそった一杯の飯と、ひょうたんのお椀に入れた一杯の飲み水で、狭い路地に住んでいる。普通の人なら、その窮乏生活に耐えられないだろうが、顔回はそうしたなかでも自分の楽しみを貫いている。立派だねえ、顔回は」（『論語』雍也《ようや》篇）

狭い路地で顔回は、ご飯と飲み水だけという貧しい生活をしていました。誰だって、こんな生活は耐えられないでしょう。しかし、顔回は、道（儒教が教える道）を学ぶことが楽しみでした。そんな楽しみの前には、暮らしぶりなど、二の次だったのです。

右の渋沢の言葉――「心の持ちよう一つで如何にでもなる」とは、**確固とした人生観に軸を据えれば、どんな生活も気にならない**ということ。そして、どんな暮らしのなかでも、志は貫けるということ。孔子は、顔回のそんな志の強さを称えたのです。

27

失敗したときが「成功のスタート地点」

失意あればこそ自己の名を為すを得るので、
得意はかえって事を破る基だと思えば
失意は必ずしも悲しむべきにあらず。

信念さえあれば、失意は超えられる

得意になっているときが危ない——渋沢の経験則です。

逆に、**失意のときこそ、成功へのスタート地点**。悲しんでいる場合ではありません。なのに、そうできないのが、人間の愚かさです。失意にあるときは、期するところが破れ、落ち込んでいる状態でしょう。この時期をどう過ごすかで、人間の値打ちが決まります。渋沢は、二つの過ごし方を教えています。

◎人が応援してくれる生き方をする——失意のなかで意気消沈し、そのまま努力を放棄すると、まわりは「かわいそうに」と哀れんでくれることでしょう。しかし、敬意を払われることはありません。こんなときこそ心胆を練り、再起をかけること。人は、未来に希望をつなぐ人に敬意を払い、応援するものです。

◎失意と得意とを超越した孔子の生き方を学ぶ——孔子は、彼が生きた時代に、政治における理想を実現することができませんでした。だからといって、失意にあったわけではありません。孔子は失意も得意も超越していたと渋沢は言います。孔子には信念があったからで、確固とした信念は、失意や得意を超越させます。

28

「自分の知恵」「自分の力」を信じる

順境といい逆境というとも、
すべて人々の心掛けによって
つくりなされるものである。

他人と比べるのではなく、自分を信じよう

「順境（物事がうまく運んでいる状態）や、逆境（不遇な状態）が世の中に存在して、これらが自分の身に降りかかってくるのではない。順境も逆境も、人為的な結果だ。みずからの心がけによってつくられたものだ」ということです。

自分を取り巻く環境には、**原因と結果の法則**が働いています。何の原因もなく、外界から順境や逆境といった結果だけが降り注ぐのではありません。そうではなく、順境や逆境を招いた原因は、自分にあるのです。渋沢はこう語ります。

「**順境とか逆境とかいうものが、この世の中に存在しておるのではなく、むしろ人の賢《けん》不《ふ》肖《しょう》才《さい》不《ふ》能《のう》によって、ことさら順逆の二境がつくり出される**」（『青淵百話』）

順境や逆境の原因は、〝賢不肖〟と〝才不能〟にある、と渋沢は考えました。

◎賢不肖——自分が進んでいる道で勉強し、智恵を発揮したかどうか。

◎才不能——自分が進んでいる道で才能を鍛え、活用したかどうか。

智恵や才能は、人それぞれでしょう。**他人と比べるのではなく、自分に備わった智恵や才能を生かしたかどうか**。その結果として、自分の境遇は左右されるのです。

29

「譲り合う気持ち」は、自分に返ってくる

狭い場所を
自分さえ先に通ればよいとしたならば、
畢竟《ひっきょう》（結局のところ）誰も通ることができない。

「自分さえよければ」の発想が、自分を不幸にする

駅の改札口――自分が先に通ろうとしていっせいに押しかければ、誰も通ることはできません。では、どうすればスムーズに改札口を通ることができるのでしょうか。

①「お先にどうぞ」と相手に譲る。

右の渋沢の言葉から読み取れるのは、譲り合いの精神。これは、「お先にどうぞ」と相手を先に立て、その人が改札口を通ってから、自分が通るという方法です。このいいところは、「そちらこそ、どうぞ」と逆に譲られ、誰も損をすることなく、しかもある種の爽やかさが残ることでしょう。

②「規則正しく通りましょう」というルールをつくる。

右の渋沢の言葉から読み取れるもうひとつの方法は、改札口を通るうえでのルールをつくること。公共の規則＝道理によって、個人の欲望を抑制し、個人と公共のバランスを取ろうという方法です。渋沢はいつも〝社会や公共のために〟ということを念頭に置いていました。そんな渋沢ならではのやり方でしょう。

30

人生こそ「終わりよければすべてよし」

人の生涯をして
重からしむると軽からしむるとは、
一《いつ》にその晩年にある。

成功した人生とは、晩年が立派な人生である

渋沢が生まれた血洗島村の「中の家《なかんち》」は、明治二十五（一八九二）年の失火により焼失。翌年、家督を継いだ渋沢の妹夫婦によって「中の家」は再建されました。その奥の間に、渋沢が大正五年（一九一六）秋に帰郷したときに揮毫《きごう》したという、「**天意夕陽《せきよう》を重んじ、人間晩霽《ばんせい》を貴《たっと》ぶ**」の扁額《へんがく》がかかっています。こんな意味です。

「夕陽《ゆうひ》の素晴らしさは格別である。天は一日のうちでも夕刻を重んじている。人間も同じではないか。一生のうちで晩年をこそ貴ぶべきであろう。夕方の雨上がりはカラッと晴れ上がるように、晩年は晴れたものでありたいものだ」

この句に託した渋沢の思いは、「若いころのいろいろな失敗や成功などは、もはや過去のこと。いまさら気にかけることもなかろう。たとえこれまでの人生で雨が降ったとしても、**大事なことは、晩年に晴れ渡る**ことだ。晩節がよければ、その一生はよかったと言える。晩霽こそを私は願っている」ということでしょう。

晩霽——夕刻になって空が晴れること。転じて、晩年の人生が晴れ渡ること。

志に燃える若き日の渋沢。

4章

学び方

本当に「役立つ教養」を身につける

31

焦らない、焦らない、じっくりやろう

功を焦りすぎる傾きがあり、その結果、無理をする人が多くなったように思われる。これは決して立身出世の捷径《しょうけい》ではない。

一時的に終わる成功、一生涯続く成功

「成功しようと焦りすぎるきらいがありはしないか。その結果、無理をする人が多くなったように思う。しかし、これは立身出世の近道ではない」という意味です。

続けて、用語を解説しておきましょう。

◎無理――実力もないのに成功の果実だけを得ようとすること。実力を養うのは時間がかかる地道な作業です。だから面倒臭くなって、短絡的に成功をつかもうとしがちに。たとえば、意図的に評判や名声を上げるなど。これを無理と言います。

◎捷径――「捷」とは、脇道を通ること。「径」とは、小道、近道、横道のこと。渋沢がよりどころにしている『論語』では、こんな使われ方をしています。

「行くに径《こみち》に由《よ》らず」(『論語』雍也篇)

意味は、「目標に向かっていくのに、小道(近道)を通ることをしない。正々堂々と大道を通っていく」ということ。大道を通るとは、天下の王道を歩むことです。

成功するには、**無理は禁物。実力を養うことが王道**です。渋沢は、不断に実力を養っている人がいったん世に出れば、一時的な成功に終わらない、と教えたのです。

32

「正しい欲」は、人を成長させる

道理正しき功名心は、甚だ必要である。
これあるために勉強心も発する、
発奮心も起こるではないか。

「私欲」は抑えても、「功名心」は失わない

成功や名声を得たいという「功名心」は欲望です。渋沢は、**道理にかなった欲望なら大いに発揮すべき**だ、と欲望を肯定しました。

ところが世の中には、「欲望を捨てなさい（捨欲論《しゃよくろん》）」とか、「欲望を控えなさい（寡欲論《かよくろん》）」という宗教的な教えがあります。そんな教えは、修行中の特定個人には善《ぜん》かもしれません。しかし、全体から見れば、社会を停滞させることになります。

渋沢の考えは、道理にかなった欲望こそが、社会を発展させるというものです。そんな欲望である「功名心」を発揮することによって、人は勉強に励み、なにくそと発奮もします。次のように功名心の必要性を説いています。

「この心がなければ、世に立つこともできなければ、国家を裨益《ひえき》することもできない」

続けて、

「仮にこれ（功名心）を棄《す》てるならば、人間は遂に乾燥無味でなければ、自暴自棄に陥らなければやまぬのである」（『青淵百話』）

道理に外れた〝私欲〟は抑えても、**道理にかなった欲望を失わない**ことです。

33

「階段をひとつ上がる」と、違う世界が見える

何事でも倦《う》まず惰《おこた》らず勉《つと》めてやまずんば、
必ず事を成就するに至るものであるが、
多くの人は途中の障碍《しょうがい》に挫折してしまう。

成功を確実なものにする「一点突破力」

「飽きたり、怠けたりせず、最後まで努力すれば、必ず思った通りに達成するものだ。しかし、多くの人は、途中の障害物を乗り越えられずに挫折してしまう。これでは、何事も成し遂げられるものではない」——渋沢はそう言いたかったのです。

達成するまで粘り強くやり続ければ、必ず達成する。達成しないのは、途中で挫折してしまうからだ、というのが渋沢の論旨です。

多くの成功者が異口同音に教えているのが、このことです。この当たり前のことが、成功者になれるかどうかの決め手でしょう。そのためには……。

◎やり続ける執着心を持つ——達成するまで諦めない心的エネルギーを〝執着心〟と言います。このエネルギーがなくては、何かをものにすることはできません。

◎やるべき目標をひとつに絞る——同時に、二つも三つもバラバラな目標を立てて、これらに一定のエネルギーを投入し続けることは、並の力でできるものではありません。いまやるべき目標をひとつに絞ります。そして、この絞った目標に全力を投入して、階段をひとつ上がると、見える世界は違ってきます。

34

成功を引き寄せる「磁石力」とは？

磁石力の強い者は、社会に重用《ちょうよう》されて立身出世する。
磁石力の弱い者は、世の中に出る事は困難である。

仕事と地位を引き寄せる「二つの能力」

人間には〝磁石力〟という不思議なパワーがあります。実力を養い、修養に努める（人間力を高める）と、磁石力が強くなる、と渋沢は教えます。

「あたかも磁石が鉄を吸いつけるが如く、自分の力をもって仕事や地位を吸収し得るのである」（『経済と道徳』）

磁石力を強める要素は、**①能力**（実力）と、**②人柄**（人間力）です。この二つが発揮されると、仕事や地位を面白いように引き寄せることができます。

あなたのまわりで、〝やりがいのある仕事〟が押し寄せている人がいたら観察してください。能力か、人柄か、あるいはその両方が仕事を引き寄せているのではないでしょうか。逆に、ツイてないとか、まわりは自分を認めていないと嘆いている人がいたら、本当に運が悪いのか、それとも磁石力が弱いためなのか、観察しましょう。

もし磁石力が弱くてうまくいっていないなら、それは**単に実力不足**なのです。実力がないうえに、人間力が低いと、仕事や地位は寄ってきません。欲しいものを引き寄せたいなら、磁石力を強めることです。

35

「毎朝、同じ時間に起きる」ことから始める

克己心を養うには、日常の些事《さじ》に心掛け、すべての場合に適用するように努めるのが最も効果がある。

まずは「小さな成功」を積み重ねること

克己心がないと、何事もねばり強くやり通せません。克己とは、「物我《ぶつが》の己に克《か》つ」こと。つまり、自分の情動的な欲望や邪念を抑えることです。渋沢は、克己心（自制心）を養うには日常のささやかなことから始めるのがいいと教えます。

七十歳の渋沢が汽車旅行したときのこと。夏の暑いさなかでしたが、フロックコートの上着を脱がずに、座席にきちんと何時間も腰かけていた、と子息の渋沢秀雄は観察しています。ずいぶん昔のことですから、エアコンなどはありません。秘書は耐えられずに上着を脱ぎ、別の車両に行ったり来たりしていたそうです。

また、駅弁を食べるにも、渋沢は弁当のフタについた米粒を箸《はし》できれいにつまんで食べ、ご飯を残す場合は、あらかじめご飯のうえに一線を画して、食べる部分は一粒も残さずに食べたそうです。

これらが日常の心がけです。しかし渋沢にしても、**「己に克つという事は、それが些細《さ さい》な事であってもよほどの努力を要した」**（『経済と道徳』）と述べているほど。物我を抑える→習慣づける→第二の天性になるまでには、相当の努力が必要だったのです。

36

「失意のときこそ勉強する」深い理由

敗れてもあくまで勉強するならば、
いつかは再び好機会は巡ってくる。

勉強する人には、チャンスが与えられる

志が破れ、失意にあったときをどう過ごすかが、人間の値打ちを決めます。

陽明学を創始した王陽明《おうようめい》の同時代人に、崔後渠《さいこうきょ》（一四七八～一五四一）という人物がいます。彼は、同僚の宦官《かんがん》たちと結託して若い皇帝（正徳帝《せいとくてい》）を遊蕩《ゆうとう》にふけらせ、政治の実権を掌握した劉瑾《りゅうきん》の悪政を諫めて投獄されました。こんな失意のときに、崔後渠は次のような心境で過ごそうとしたそうです。

「得意澹然《たんぜん》　失意泰然《たいぜん》（得意なときにはあっさりし、失意のときは動じない）」

この二句を対でとらえると、味わいが深まります。**得意の絶頂期にあっさりしている人が、失意のときはどっしり構えている**――ここに人間としての偉さがあります。

左遷や失業をしたときに、どう過ごせばいいのでしょうか。**失意のときこそ、勉強すること**です。ところが、そうではないのが、普通の人です。

もし、「失意泰然」ということが少しでもわかっている人なら、この失意の時期を充電期間だと受け止めて、平素は忙しくてできなかった勉強をすることでしょう。まわりはよく見ています。**勉強している人には、チャンスが与えられる**ものです。

37

「いい本を繰り返し読む」が読書の要諦

読んで心に残らぬようなことなら、
万巻《まんがん》の書を読破した者でも、
なおよく一冊を記憶する者に及ばぬ。
ゆえに読書の要《よう》は「心記《しんき》」にあるに相違ない。

渋沢は心に残る本を読んで、その一節を暗唱した

渋沢の読書法を紹介しましょう。

唐宋八大家《とうそうはちたいか》のひとり、北宋《ほくそう》の宰相・王安石《おうあんせき》（一〇二一〜一〇八六）に、読書の利点とその心得を説いた勧学文があります。一節を抜き出しましょう。

「好書は卒《つい》に逢《あ》い難し。好書は真に致し難し。

書を読む人に勧め奉る、好書は心記に在り」（『古文真宝（前集）』）

現代語訳――「好《よ》い書物にはついに出会いがたいものである。好い内容の書物はほんとうに手に入れることがむずかしい。それゆえ読書人にすすめ申しあげる。**好い書物は読んで心によくおぼえておきなさい**」（星川清孝《ほしかわきよたか》『古文真宝（前集）上』）

この勧学文の「好書は心記に在り」に共感した渋沢は、「**読書の要は『心記』にある**」と言い切っています。よい本とは、心にずしりと残る本であり、幸運にもそんな本と出会ったら、心に記す（心記）ことだというのが、渋沢の読書法です。裏を返せば、心に残らないような本をあれこれ多読しても、無意味だということ。幼少年期の渋沢は、**読んだ一節をよく記憶し、暗唱**していました。

38

「記憶力を高める」渋沢栄一の方法

記憶を強くするには、曾子《そうし》のいわゆる三省《さんせい》を実行するのが何よりである。

寝る前に実践する「曾子の三省」の思わぬ効果

ここで、渋沢栄一の記憶法を紹介しましょう。

渋沢は毎晩、床に就くと、「**曾子の三省**」にならって、一日を振り返りました。

曾子は孔子の晩年の弟子です。三省とは、**たびたび反省する**こと。では、曾子は何を反省したのかというと、①相手に**誠意を尽くしたか**、②友人に対して**言葉と行動が違っていなかったか**、③まだ**理解が浅いことを人に教えなかったか**、の三つです。

渋沢は、曾子の三省にならって、次のように反省したと述べています。

「その日になしたることや、人に応接したる言説を回想し、人のために忠実を謀らねばならぬ、友人には信義を尽くさねばならぬ、また孔夫子《こうふうし》（孔子）教訓の道に違う所はなかりしやを、省察するに怠らぬ」（『論語講義』）

時間がなくて振り返れなかった夜は、翌朝早々に三省するという徹底ぶりでした。

すると、思わぬ効果があったと言います。一日を振り返えると、その日の出来事が整理されて記憶に残ったというのです。このエピソードは、渋沢が実直に『論語』の教えを実生活のなかで実践したことを物語っています。

39

「謙虚さ」は、あらゆる「弱点」を補う

「下問《かもん》を恥じず」とは、
「知らぬ事は誰にでも聞く」という意味である。

大人物ほど、目下の人間によく質問する

衛の国に、孔圉《こうぎょ》という重臣がいました。この人物が亡くなると、「文子《ぶんし》」という立派な諡《おくりな》が送られます。これをいぶかしく思った孔子の弟子の子貢《しこう》は、

「あの孔文子（孔圉）がどうして〝文〟という立派な諡を得たのでしょうか」

と尋ねました。孔子は、

「彼は利発な人物であり、学を好み、下問を恥じなかったからだ」

と答えます。〝下問〟とは**自分より地位や能力の低い者に物事を尋ねて教えてもらうこと**です。下問を恥じなかったところに、孔文子の偉さがあるというのです。

明治の元勲で下問を恥じなかった人物は、木戸孝允《きどたかよし》であり、これができなかったのが伊藤博文《いとうひろぶみ》だったそうです。誰かが、伊藤の知らないことを話すと、「そんなことは疾《と》うの昔から知ってるぞ」という態度に出たそうです。ほかにも、天海僧正《てんかいそうじょう》に師事した徳川家康《いえやす》や、「三顧《さんこ》の礼」で諸葛孔明《しょかつこうめい》を軍師に迎えた劉備《りゅうび》などが下問を恥じなかった人物。「これ（下問）を為し得る人が、一代に傑出してその名を後昆《こうこん》（後世の人）に垂るる如き大人物となり得る」（『処世の大道』）と渋沢は記しています。

40

「いい習慣」が「いい人生」をつくる

勉強を習慣とすれば、
必ず勉強せざるを得ぬようになる。

「勉強スイッチ」がONになる習慣

勉強を欠かさない秘訣は、これを習慣にする、ということです。

しかし問題は、習慣にする方法でしょう。たとえば、①夕食後は机に向かう→②机に向かったらテキストを広げる→③テキストを広げたら筆記具を持つ……という一連の流れなら習慣にしやすいのではないでしょうか。この流れの決め手は、①です。

◎スタート地点を明確にする――「夕食後は机に向かう」というのは、わかりやすい指標です。夕食が一連の流れのスイッチになります。

◎スタート地点を軽くする――「机に向かう」と着手しやすい動作にします。

このとき、「勉強を始めよう」では負荷がかかりすぎます。その結果、気分が重くなって、つい、明日に伸ばそうと怠惰になりがちに……。渋沢は、

「怠惰を習慣にすれば、怠惰はさらに怠惰を生ずるに至る」（『渋沢栄一訓言集』）

と警告します。

また、幼少期から青年期は習慣が身につきやすく、この時期にいい習慣を身につければ、その習慣は個性となる、と渋沢は教えています。

近代日本を代表する２人の実業家。
渋沢栄一と岩崎弥太郎（右、三菱財閥創業者）。

5章

ものの見方、考え方

道を誤らない「処世」の知恵

41

「ほどよいところで留まる」が処世の秘訣

最も戒むべきものは、
ハズミに乗って調子づかぬようにする事である。

人は短所で失敗するのではなく、長所で失敗をするものである

空に向かって物を斜めに投げると、放物線が描けます。この放物線の頂点が、中庸（過不足なく、ほどよい状態）です。**ハズミに乗って調子づくというのは、この頂点を過ぎてしまうこと**です。人は頂点にとどまることが難しく、つい〝過ぎてしまう〟ものです。失敗するのはそんなときです。

また、放物線上でまだ頂点に達していないときは〝足らない〟ときで、このときは成功しないまでも、致命的な失敗をすることはありません。たとえば、自分は話すのが苦手だと思っている人は、おとなしくしているので失敗を免れます。しかし、話すのが得意だと思っている人は、いらぬことまで話してしまって、得意なところでつまずくことが多いのです。調子に乗って失敗した人の数は知れません。

渋沢は、『論語』の「**楽しみて淫《いん》せず、哀しんで傷《やぶ》らず**」（『論語』八佾《はちいつ》篇）という言葉が、この過ぎることを戒めたものだと教えます。淫せずとは、楽しくても過度にならないこと。傷らずとは、哀しみが度を越して心を引き裂かないこと。ほどよいところで留まる自制心が、処世の秘訣です。

42

「うまくいったとき」こそ、気を引き締める

成功出世をするには、
まずもって実力を養う事が肝要である。

「王道」が成功への最短ルートである

渋沢にとっては、成功もお金も〝糟《かす》〟にすぎません。どんな糟かというと、世のため人のために働いたあとに残る糟です。しかし、糟とはいえ、誰だって成功したいもの。渋沢が説く、成功の秘訣を記しておきましょう。

①成功し続ける第一条件は、「**実力**」があること。ここに「**責任感**」と「**まごころ**」が加わって、成功への資格ができる。

②実力がなければどうなるか——一時的に名を上げても、虚名にすぎず、永続できない。同様に、責任ある職に就けても、遅かれ早かれ職を追われる。

③成功を焦ると、大局観《たいきょくかん》がなくなる。焦った結果、目先の利害にとらわれる。

④目先の小さな利益に目がくらんだ人は、一生を棒に振ってしまう。

⑤失敗は、得意の日にその〝兆し〟が表れている。つまり、成功した絶頂期に失敗の〝種〟が蒔かれているから、**成功したときこそ気を引き締めることが肝心**。

まとめると、成功の王道は、実力を養うこと。利害に足元をすくわれないこと。得意のときこそ気を引き締めることです。

43

「小さなこと」を続けると「大きなこと」ができる

小事を粗末にするような粗大な人では、所詮大事を成功させることはできない。

与えられた仕事に、どれだけ一所懸命になれるかが成功のカギ

成功した人で、小さなことを粗末にした人はいません。

かつて、メジャーリーグで数々の金字塔を打ち立てたイチローさん。その語録に、「小さなことを積み重ねるのが、とんでもないところへ行くただひとつの道と思う」という言葉があります。どんな偉業も、少事を積み重ねた結果です。

天下統一を果たした豊臣秀吉《とよとみひでよし》。彼のスタートは、織田信長《おだのぶなが》の草履取りという小さな仕事でした。しかし、厳寒の冬の日に、主君の草履を懐で温めるという工夫をしました。このように、**小さなことにも工夫の余地**があります。与えられた仕事にどれだけ一所懸命になれるかで、将来が違ったものになります。

小さな部品の製造だけで、世界ナンバーワンのシェアを誇っている企業があります。そんな企業は、小さな部品に改善の余地を見いだし続け、新しい用途を探求し続けて、工夫に余念がありません。だからナンバーワンをキープしているのです。

イチロー。豊臣秀吉。小さなナンバーワン企業。――三つの事例に共通しているのは、大局を見据えると同時に、**徹底的に細部にこだわっている**ことです。

44

「感謝の気持ち」をつねに忘れない

どんな賢い人でも、
社会というものがなければ
成功することはできない。

感謝する人ほど、まわりから応援される

社会というものを、どうとらえるか。とらえ方によって、大きな違いが生まれます。次の二つのうち、どちらがあなたの感覚に近いでしょうか。

①社会は利用すべきもの。

②社会は自分を育ててくれる環境。

社会を利用すべきだと感じた①の人——自分がどう立ち回れば、社会から最大の利益を得られるか、ということに関心をいだいています。これは、社会よりも自分を中心に据えた姿勢であり、渋沢は〝主観的人生観〟と呼んでいます。

社会は自分を育ててくれる環境だと感じた②の人——社会は試練を与えますが、そうした障碍《しょうがい》も含めて、社会あっての自分だ、というとらえ方をします。渋沢自身は、**「自己の存在は第二としてまず社会あることを思い、社会のためには自己を犠牲にすることも憚《はばか》らぬ」**(『青淵百話』)という〝客観的人生観〟を持っていました。

現代は個人の権利にウエイトが置かれているため、①が当然だ、と思われるかも知れません。が、**社会に恩返しする**という感覚を持った人が、社会を支えています。

45

「一面」でなく「別の面」からも見てみる

すべて物事は一事をもって満足すべきでない、進むべき道はきわまりないゆえ、世人は深くこれを考うべきである。

一面だけにこだわると、必ず失敗する

この言葉の大意はこうです。「どんな事柄でも、一面だけを取り上げて事足れり、と考えてはならない。進むべき道は無限にあるのだから、多面的な検討を加えることだ」

青年期の渋沢には苦い経験があります。倒幕計画を推し進めるという一面的な行動に出て、中庸を欠いたことです。子息の渋沢秀雄は、

「父の行動半径は青年時代以外、いつも古風な儒教的中庸の道から逸脱していない」と、『父　渋沢栄一』のなかで述べています。あの青年期の倒幕を思いつめた時期をのぞいては、渋沢の行動は**つねに中庸の道にかなっていた**ということです。

たとえば、「他人に頭を下げたことがない」とうそぶく人は、その半面で、他人に感謝することがありません。他人とのつき合いでは頭を下げることもあるし、〝ありがとう〟と頭を下げることもあるはず。それができないのは、一面に価値を置いているため、ほかが見えなくなっているのです。

一面にウエイトを置きすぎると、中庸を逸脱します。自分が価値を置いている側面がすべてだと考えるのではなく、**多面的に考えることが処世で誤らない方法**です。

46

何歳になっても「驕らない」「礼を忘れない」

恭《きよう》・敬《けい》・恵《けい》・義《ぎ》の四徳は、
人になくてならぬものだが、なかんずく
恭敬の徳は処世上に欠くべからざるものである。

成功者はみな、驕らない、礼を失わない、怨まない

新政府は薩長の天下でした。幕臣の出身であった渋沢は、官僚時代、恭敬を欠いたつきあいをする同僚に驚きます。彼らが家を訪ねてくると、「暑いのう」と、ろくに挨拶をしないうちから声をかけてきたのです。——『論語』公冶長《こうやちょう》篇に、君子がそなえるべき、恭・敬・恵・義の四徳が説かれています。こんな意味です。

①恭——自分のふるまいは、恭謙にして**驕《おご》らない**こと。
②敬——他人に仕えるときは、尊敬を旨とし、**礼を失わない**こと。
③恵——他人を育てるには、**恵み深く情けをかける**こと。
④義——他人を使うには、公平にして**怨みがない**ようにすること。

これらのなかで、①恭と、②敬が、人と交わり世に処するうえで大切な徳だ、と渋沢は考え、みずから振る舞いを慎みました。

たとえば渋沢は、人と交わるのに「君」「僕」と呼ばず、「あなた」「わたし」で通しました。恭敬を欠くと、まわりから支援が得られません。また、恭敬を欠く人は仕事を軽くみて、過失や失敗が多くなるとも渋沢は指摘しています。

47

「誠意ある人物」は、なぜ強いのか？

至誠《しせい》（まごころ）を吐露し、
偽らず飾らず人に対するならば、
なんでことさら法や術《じゅつ》を用うる必要があろう。

私利私欲のない人は、絶対に騙されない

明治維新の英雄たちが集まった新政府では、多少の説得術を心得ていても通用しません。口先ではなく、大切なのは至誠、つまり **"まごころ"** です。嘘偽りがない言葉こそが、相手の心に響くのです。渋沢が右の言葉で、

「なんでことさら法や術を用うるの必要があろう」

と述べているのは、**至誠の前に説得術など無力**だからです。

ところが昨今は、説得法や相手をコントロールする法といった"他人操作術"が流行《はや》っているようです。この状況に渋沢は眉をひそめるにちがいありません。もしも他人操作術に効果があるとすれば、それは薄っぺらな人間が増えたためでしょう。

他人操作術は、相手の私利私欲につけこんで効果を発揮します。楽してお金が欲しいという気持ちがあるから、そこにつけ込んだ儲け話にコロリと騙されるのです。利や欲にとらわれていなければ、誰にも操られません。

国家のことを第一に考えた維新の英雄たちに、このような法や術が通用しなかったのは、**彼らに私利私欲がなかったから**です。相手に響くには、至誠しかありません。

48

ときには、「じっと待つ」ことも必要

形勢を観望して、
気長に時機の到来を待つ事も、
忘れてはならぬ心がけである。

「流れは必ず変わる」と考えて待つことが必要

渋沢は、信念を貫いた人です。信念を貫くためには、争うことを辞さず、じっと待つことを忘れない、絶妙なバランスがありました。

◎争う――相手から自分の信念が曲げられそうな場面では、「妥協するのではなく、**争ってでも信念を通す気概を持て**」と、渋沢は檄《げき》を飛ばします。最初から「争わない」という負け根性では、長いものに巻かれるしかありません。

◎待つ――他方で渋沢は、「**時機が到来するまで待て**」と抑制します。形勢を観てチャンスを窺わないと、動くものも動きません。世の中には大きな因果関係の流れがあります。流れに勢いがあるときに、いくら形勢を転換しようと横槍《よこやり》を入れてもムダで、結果は変わりません。右の言葉は、そんなときの対処法を説いたもの。「時機の到来を待つ」とは、形勢を変える好機を見定めることです。**焦らない**ことです。

このように〝争え〟と背中を押し、同時に〝待て〟と抑制するところに、渋沢の中庸の精神がうかがえます。中庸とは、どっちつかずではなく、〝争う気概〟と〝待つ自制心〟を腹に秘めながら最善の答えを導くという態度です。

49

「中間」を取れば、悲観も楽観もない

一方に偏せず極端に走らず、
その中間を取って案排《あんばい》してゆくから、
悲観も楽観もしたことがない。

俯瞰的に判断する「達観」の視点を持とう

右の言葉は、「私は、一方に偏らず、極端に走らないよう心がけている。つねに中間を取り、ほどよく処理したいから、悲観的にデメリットばかり見ることはなく、楽観的にメリットばかりを見ることもない」という意味です。

企画会議があったとしましょう。参加者がメリットばかりに目を向け始めると、楽観的な見通しが支配的になります。逆に、デメリットに目を向け始めると、悲観的な空気になるでしょう。こんなとき、優れた会議の運営者なら、さっとホワイトボードにメリットとデメリットの表を描いて、「みなさんの意見を表に書き入れると、メリット（デメリット）に偏っていますね」と、気づかせるもの。

楽観であっても、悲観であっても、どちらかに偏れば、判断に誤りが生じます。こんなとき渋沢は、両者を超脱して、**中庸を得たものの見方**をしました。これを「**達観**」と呼びます。相反する選択肢があった場合、目先の選択肢にふらふらするのではなく、全体を観察して道理を見極めることです。

高い地点から判断して答えを導き出すのが見識ある態度。この態度が達観です。

「日本初の銀行」第一国立銀行。

6章

お金とのつきあい方

お金の「正しい稼ぎ方、使い方」

50

「お金の価値」を決めるのは自分

道に由《よ》って得た富でなければ
真の富とは言われぬ。

「そのお金は、正しい方法で得たものか」を意識する

お金は本来、汚らわしくも、穢《きたな》くもありません。それは鏡のようなもの。不正な方法で獲得すれば、その不正が映って汚らわしく、穢いお金になるだけのこと。

正当な方法で得たお金は、きれいで正しいお金です。『論語』の言葉に、

「富と貴きとは是れ人の欲する所なり。その道を以てせざれば、之《これ》を得るも処《お》らざるなり」（『論語』里仁篇）

というのがあります。この言葉にある「その道」とは、伊藤仁斎《じんさい》（江戸期の儒者）によると、「仁（**他人をおもいやり慈しむ心**）による方法」ということ。現代語訳――「お金と高い地位とは、人が求めたがるものである。しかし〝仁による方法〟を用いなかったならば、たとえこれらを得たとしても君子は穏やかにはいられない」

ここからわかることは、孔子はお金や地位を得ることを否定したのではなく、「仁による方法」で得たのかどうかを問題にしている、ということです。

企業に置き換えると、仁は、顧客満足と通じるところがあります。**お客が満足した結果として獲得した利益かどうか**、が問われているのです。

51

「お金」と「心」は両立する

後世（中国宋代）の学者は、仁を行えば富むあたわず、
富まんと欲すれば仁なるあたわず、
と誤って説いてしまった。

『論語と算盤』に込められたメッセージ

孔子はお金を儲けることを否定していません。孔子が問題にしたのは、お金を得る方法が仁によるかどうか、ということです。

ところが後世の学者は、お金儲けと道徳は一致しないものだと解釈してしまいました。その源は、『孟子《もうし》』の言葉――「お金持ちになろうとすれば仁者にはなれず、仁者になろうとすればお金持ちにはなれない」（『孟子』滕文公章句上《とうぶんこうしょうく》）にあります。

孔子が没して百年ほど後に生まれた孟子は、亜聖《あせい》（孔子に次ぐ人）と崇められています。後世の学者は、儒教の頂点に立つ孔子と孟子の二人の説を矛盾しないものとして『論語』を解釈したので、お金持ちと仁者（人格者）は相容《あいい》れない、と説いてしまったのです。その後遺症で、お金は穢いものだ、という観念が昔の日本人に根づいてしまいました。しかし、わが国では、荻生徂徠《おぎゅうそらい》（江戸期の儒者）が、後世の儒者は『孟子』のこの言葉に惑うことになった、とはっきり述べています。

誰より渋沢こそが、お金儲けと道徳は一致できると強く言い切りました。これを「道徳経済合一説」として説き、『論語と算盤』としてわかりやすく表現したのです。

52

お金の「正しい使い方」を考えてみる

いやしくも
世の中に立って完全に人たらんとするには、
まず金に対する覚悟がなくてはならぬ。

お金を重んじすぎないこと、お金を軽んじすぎないこと

お金に対する覚悟がなくては、世に立つことはできません。

とくに、大きなお金を運用するリーダーは、お金に対するしっかりした見識がないと、その使い方を誤ってしまいます。では、お金に対する覚悟とは何でしょうか。その第一歩は、お金の価値を正しくつかむことでしょう。

①お金を重んじすぎない――お金よりも大切なものがあることを知ることです。また、**お金を得ることは目的ではなく手段**だ、という位置づけを理解することです。そして、「仁による方法」でお金を儲けることです。

②お金を軽んじすぎない――お金の威力を知ることです。お金を**善用すれば、その効果は測りしれません**。投資に成功すれば、何十倍、何百倍ものお金になります。また、お金で人の命を救ったり生かすことができます。犯罪の動機の多くがお金です。それほど人が欲しがるものが、お金にほかなりません。

重んじすぎず、軽んじすぎない〝中庸を得た態度〟を保つこと――これがお金に対する覚悟でしょう。

53

お金とも「つかず離れずの距離感」がいい

富貴のために志を曲げるような人は、
富貴のために如何なる曲事をも営むようになり、
遂には身を亡ぼすに至る。

人を誤せるのは、つねに「私欲」である

「お金や名声のために初心をまげてしまうような人は、やがてお金や名声のためにどんな不正にも手を染めるようになり、しまいには身を滅ぼしてしまうことになる」という意味の言葉です。つまり、私欲によって道を誤りやすいということです。

明治五（一八七二）年に設立された東京市養育院という施設がありました。これは、当時の東京市の生活困窮者などを保護する目的で設立された福祉施設です。渋沢は、明治七（一八七四）年から養育院の運営に関与し、初代院長として終生その存続と発展に努めました。

収容者と交わった渋沢は、「彼らの共通の性質は利己的なことである」と報告しています。自分の利益を求めたにもかかわらず、養育院に収容されるという裏腹の結果になったのは、**世の中が利己的なおこないを許さない**からです。

正しい道を行き、その道を誤らないような堅く見える人であっても、お金や名声が欲しくなって道を誤ると、あとで身を引き締め直すのは困難です。**自分に対して気を緩めないこと**です。これほどまでに、私欲が持つ力は強いのです。

54

「欲の淡い人」は、甘い誘惑にも負けない

欲の強い人ほど不義に対してはかえって弱く、
欲の淡い人ほど正義に立って剛《つよ》いものである。

「苦楽」に対して超然とするコツとは？

右の渋沢の言葉を箇条書きしておきましょう。

①欲の強い人ほど、不義に対して弱い（私欲が深いと、不正に流されやすい）。

②欲の淡い人ほど、正義に立って剛い（私欲を抑えた人は、正義に立脚して強い）。

二つ目の「剛い」という言葉の「剛《ごう》」とは、剛毅の「剛」で、「**正しい観念のうえに立って踏ん張るときの勇気である**」と渋沢は解説しています。

剛い人とは、克己心がある人。七情（喜、怒、哀、楽、愛、悪、欲）に流されそうな自分に打ち克つ人です。これに対して、欲が強ければ強いほど、七情に流されやすくなります。そうならないために、克己心を養うことが必要。渋沢はまた、

③欲の強い人は、苦楽に対して弱い（私欲が深いと、甘い誘いや脅しになびく）

とつけ加えています。

苦とは〝痛い目にあう〟という脅しであり、楽とは〝お金がもらえる〟などの甘い誘いです。苦楽に対して超然とするには〝剛い自分をつくる〟こと。剛い自分になるには、正義に立脚し、流されないことです。

55

「お金の価値を高める」お金の使い方

財産をつくることも結構であるが、資本を最も道理正しく活用する途《みち》を覚える事が、より以上に大切である。

「何に投資するか」で、お金の価値は変わる

動かないお金や資産とは、財産です。

そんな財産を活用すると、資本となります。資本とは〝もとで〟のこと。動かないお金は〝もとで〟ではありません。

右の渋沢の言葉――「資本を最も道理正しく活用する途を覚える事が、より以上に大切である」とは、**お金を寝かすのではなく、筋道正しい使い方を学びなさい**、ということ。企業において、資本を価値高く投資する責任者は経営者です。経営者は、投資家から集めたお金の〝価値を高める〟義務があります。

では、〝価値を高める〟とは、利益を上げることでしょうか。渋沢は、利益だけで測ってはならない、と言います。もちろん、利益は大切です。しかし、利益と同じくらい**〝どれだけ公共に貢献したか〟が大切**だと考えました。

現代はあまりにも「資本利益率」に目が向きすぎていないでしょうか。誇りを持って「**資本貢献率**」とでもいうべき社会貢献の指標を打ち出してはどうでしょう。どれだけ人々の暮らしに寄与したか。その結果として、企業に利益が還元されるのです。

56

お金の「社会的役割」とは何か？

よく集めてよく散じ、
もって社会を活発にし、
従って経済界の進歩を促す

「お金を使うこと」が、経営者の義務である

事業家が有望な事業に投資していくということは、俯瞰的《ふかんてき》に見ると、事業家が**お金を回していくポンプの役割**を果たしていることになります。こうして、経済が活性化し、社会は発展していきます。

右の渋沢の言葉——「(お金を) **よく集めてよく散じ、もって社会を活発にし、従って経済界の進歩を促す**」(『経済と道徳』)という言葉の主体は、事業家です。

第一に、事業家はよくお金を集めなければなりません。たとえ資金を持っていなくても、事業プランを描き、そのビジョンと志のもとにお金を調達することができます。信頼できる事業家には、必ずお金が集まります。

次に、よくお金を散じなければなりません。事業家とは意思を持ったポンプです。どの分野にお金を投資するかによって、その産業が発展したりしなかったりします。

公共に益する事業分野に貢献する、そんな事業家がどんどん輩出することが、渋沢の願いでしょう。このように社会を活発にし、経済界を発展させることが、国を豊かにする道なのです。

57

「必要なことに投資する」
——それが正しい倹約

必要な事には
大いに積極的でありたいと思う。しかして
これが真の倹約と称すべきものである。

利益につながる倹約、つながらない倹約

江戸末期に生まれた渋沢の目には、維新以降のわが国は節度を失って贅沢《ぜいたく》に流れている、と映っていました。

「もっと倹約すべきだ」と、苦い思いをいだき、みずから倹約（無駄を省き、出費を抑えること）に努めました。では、渋沢は、倹約一辺倒だったのでしょうか。

そうではありません。渋沢は中庸の道を歩もうとした人物です。倹約についても、積極と消極の両面で考えました。

◎消極的な倹約――無駄なことには出費を控える→お金がたまる。

◎積極的な倹約――必要なことには投資する→将来の利益につながる。

右の渋沢の言葉では、**積極的な倹約こそ〝真の倹約〟**だ、と語っています。真の倹約とは、たとえば自分のキャリアアップのために投資すること。次の世代に投資すること。企業において研究開発や人材育成に投資すること。社会的事業や国家的事業に投資することなどです。もし、投資しなければ、個人も社会も、均衡縮小してしまいます。

58

今日一日、「ただ、楽しく働いてみる」

金銀財宝のごときは、
いわば丹精した人の身に残る
糟粕《そうはく》のような物である。

「給料の振り込み」ではなく、「仕事そのもの」を楽しむ

渋沢の少年時代というから、江戸末期の話。生家の近くに、勤勉なおじいさんが住んでいました。明け方から夜中まで、真っ黒になって働いた結果、相当な財産をこしらえます。ところが、**財産ができても働くことをやめないばかりか、少しの贅沢もしません。**不審に思った近所の人たちは、「何を楽しみに働いているのか」「どこまで欲が深いのか」と陰口をたたく始末。ある人が、

「もうずいぶん財産ができたのだから、老後を楽しんだらどうですか」

と尋ねると、こう答えたそうです。

「ワシは働くことを無上の幸福に思っております。働くと糟ができますが、これが金銀財貨です。何も糟を求めるために働いておらず、糟など意にもかけていません」

この言葉を聞いた渋沢の父は、「一道《いちどう》の真理があり、無限の教訓が含まれている」と感心しました。渋沢はこの事例をふまえて、「現代は糟を求めることを、あまりに目的化していないだろうか」と問題提起します。勤勉なおじいさんにとっては、働くことが幸せで、目が覚めてから寝るまで、**ただ楽しく働いただけ**でしょう。

59

子孫には「何を遺せばいいのか？」

子孫には相当の学問を授け、
その知能を啓発しておきさえすれば、
充分自ら養うて出るだけの力があるはずである。

子孫に遺すべきは、財産ではなく「自分で生きる力」である

子孫に、どれくらいの財産を遺せばいいのでしょうか。

渋沢によれば、この問いは正しくありません。財産を遺すことが前提になっているからです。そうではなく、「**子孫には何を遺せばいいのか**」を問うことです。

渋沢の答えは、右の言葉のとおり――子孫に遺すのは〝**みずからを養える力**〟です。端的に言えば、〝お金〟ではなく、〝お金を生みだす力〟でしょう。

そのために必要なものは、①**学問**、②**精神**、③**健康**です。これら三つがそろっていれば、あとは自分で自分を養っていくことができます。

子孫の側から言えば、以上の三つが与えられながら、さらに親の財産を当てにしたり、社会の援助に頼ったりするのは欲張りすぎだということです。**むしろ子孫に財産を遺すことが害悪になるケースが多い**のではないでしょうか。

また、他人をかえりみず、私益を肥やそうとする親の姿を見せることも好ましくありません。社会の役割は子孫を保護することです。子孫の安全を願っているなら、社会や公共のために貢献すべきだと、渋沢は考えました。

東京株式取引所。

7章

論語と算盤

富と成功を手に入れる法

60

「儲け」だけが商売ではない

国家の基礎は商工業にあり。
政府の官吏《かんり》（役人）は凡庸にても可なり。
商才は賢才ならざるべからず。

渋沢が生涯を懸けて唱えた「道徳経済合一」とは？

明治・大正期をリードしてきた渋沢栄一。その指導理念は三つに集約できます。

①道徳経済合一——道理にかなった企業経営をすること。

②合本《がっぽん》主義——事業目的に賛同した人びとから資金を調達すること。

③官尊民卑の打破——官は尊く民は卑しいという考え方の打破。民主主義の実現。

以上の指摘は、東大名誉教授で、渋沢青淵記念財団竜門社《りゅうもんしゃ》理事を務めた土屋喬雄《つちやたかお》（一八九六〜一九八八）によるもの。彼は、②と③は実現したが、①の道徳経済合一は実現していないと評価し、次のように伝えています。

「渋沢翁は、日本社会において物質的進歩に道徳的進歩が伴わず、やがて大きな亀裂が生ずるのではないかと憂えつつ逝去した」（『経済と道徳』、土屋喬雄の「序」より）

現在も亀裂は埋まらないままです。右の渋沢の言葉——「商才は賢才ならざるべからず」の**賢才とは、ずる賢さではなく、道徳と経済を統合できる賢さ**でしょう。

ちなみに、②の株式会社制度（合本主義）は明治後期に普及。③の民主主義も徐々に実現し、大正時代には政党政治が確立しています。

61

「論語と算盤」とは何か？

論語と算盤とは
一致すべきものである。

渋沢が一世紀以上も前から説いていた「企業の社会的責任」

渋沢と言えば、「道徳経済合一」です。**道徳＝論語、経済＝算盤**と置き換えて、渋沢はわが国の経済界において、論語と算盤を一致させようとしました。『論語』は、儒教道徳を説いた中国古典。道徳経済合一とは、わかりやすく言うと〝私欲で算盤をはじく〟のではなく、**〝論語で算盤をはじく〟**ことです。

少なくとも、明治・大正期の経済界をリードしてきた渋沢栄一においては、「論語と算盤」は一致したのです。これは世界に誇るべき功績です。

日本の資本主義の始まりにおいて、最高の指導者である渋沢が残した功績は、不正などの事件が絶えない経済界のなかで〝理想を追い求めることができる〟という希望を与えるものでした。

欧米から導入された「企業の法令遵守（コンプライアンス）」や「企業の社会的責任」といった概念に振り回される前に、もう一度、原点に戻るべきでしょう。日本資本主義の原点では、企業経営の規準を『論語』に求めた渋沢が、すでに企業倫理や社会的責任を説いていたのですから。

62

「自分が経営者だったら？」という視点

事業を経営するには、
資本の合同が必要であると鼓吹し
会社制度というものが生まれ出た。

「会社の用はわがもの、会社の金は他人のもの」

フランスに滞在した二十代後半の渋沢は、パンにバターを塗るその味が美味だと目を細めたり、コーヒーは胸中を爽やかにすると日記に記すなど、先取的な感覚を持っていました。しかし、異国の現象面だけに驚いたのでありません。渋沢はその背景にある〝しくみ〟にこそ、本当の驚きを見いだし、学ぼうとしました。

そのひとつが、大衆の金を集めて大規模な営利活動をする合本主義（株式会社制度）の存在です。帰国すると、さっそく渋沢は民間に殖産《しょくさん》事業を興すため、静岡に**日本初の株式会社である「商法会所」を設立**しました。

その後、新政府からの要請で官僚になった渋沢は、明治六（一八七三）年に下野《げや》すると、第一国立銀行を開業し、合本主義を指導していきます。当時は、個人経営という考え方が根強くあり、その啓発に苦心します。やがて明治後期には、株式会社組織でない大企業はめずらしくなります。しかし、組織を変えるだけでは不十分。渋沢は、「**会社の用はわがものと思え。会社の金は人のものと思え**」（渋沢秀雄『明治を耕した話』）と心構えを説きます。ここを疎《おろそ》かにすると、会社を私物化することになりかねません。

63

「教養を身につける」ことは最高の投資

官吏となるを無上の栄光として、
商工業者となるを恥辱と心得るは
本末を誤ったもので、脱却しなければならない。

教養と品格の向上が人生を好転させる

少年期の渋沢には、官尊民卑の屈辱をなめた苦い体験があります。彼の生家は豊農で、領主安部摂津守《あべせっつのかみ》の御用達《ごようたし》として、何かのたびに御用金を要求されました。あるとき出頭が命じられ、風邪で寝込んでいた父に代わって代官屋敷に行きます。

「このたびは、姫さまがお興入《こしい》れされるにつき、そのほうどもへ御用金を申しつける」

御用達の一座が平伏して受けるなか、少年の渋沢はこう答えます。

「父の名代《みょうだい》で参りましたから父に聞き、お受けする場合は改めて出頭いたします」

〝無礼者〟と代官は声を荒げるなか、渋沢は同じ返答で通します。このときの官の横暴さに屈辱を覚え、「**官尊民卑の打破**」への動機が芽生えました。

士農工商という身分制度のもとで、商工農に従事する人びと（民）が賤しめられるようになったのは、渋沢によると、戦国時代から江戸時代においてのことだと言います。それ以前は、商工農者は尊重さえされていました。つまり、官尊民卑とは本末を転倒した、誤った考えだということです。この考えを根本的に打破するには、**民が教養を身につけ、品位を高めること**だと渋沢は主張しました。

64

「人生のよりどころ」を持つ人の強さ

成功しようとすれば、
その人をして拠らしむるに足る
ある規矩準縄《きくじゅんじょう》（規準）がなければならぬ。

経営者に必要不可欠な「二つの条件」

事業を成功へと導くには、二つの条件が必要だと渋沢は言います。

①企業経営者に、経営を任せるにたる人物が就くこと。

②その人物が、規矩準縄（考え方や行動のよりどころとなる規準）を持つこと。

リーダーがふらふらすると企業は潰れます。確固とした規準を持たないリーダーは、企業経営にたずさわるべきではない、ということです。

ところで、現代の経営者でどれだけの人がよりどころとなる信念や規準を持っているでしょうか。渋沢は、みずからの規準として『論語』を選びました。

◎『論語』には、日常に対処する道が説かれている。

◎『論語』をものさしとして決断すれば、判断に誤りがない。

たとえば『論語』には、「利によりて行えば、怨《うら》み多し」（『論語』里仁篇）という言葉があります。経営者なら、この言葉を、「わが社の利益を最優先するという方針で経営を行えば、顧客や取引先などから怨まれる」という意味に解釈し、ではどんな方針を立てるべきか、を考えることができるでしょう。

65

じつは「思いやり」が、商売につながる

仁義を根本にして商工業を営めば、
あえて争うがごとき事をせずとも、
利は自《みずか》ら懐にはいってくる。

企業の目的は「仁義」の追求であり、「利益」は結果にすぎない

「わが社の利益を最優先にしようとする経営ではダメだ。そうではなく〝仁義〟を基本方針にして会社を経営すれば、儲けよう、儲けよう、と争わなくったって、利益は自然と蓄えられる」というわけです。

この言葉が教えているのは、利益は目的ではなく、結果だということ。**大切なのは、経営の根本に据えるべき「仁義」**なのです。では、仁義とは何でしょうか。

◎仁――他人を思いやり慈しむ心（顧客や取引先の立場に立って考えること）。

◎義――人として守り行なうべき正しい道（不正をしないこと）。

仁も義も儒教の徳目です。渋沢は、他人を思いやり正しい道を行く「仁義」を企業活動の根本に据えれば、顧客や取引先といったステークホルダーから支持されて、おのずから利益は上がると考えました。

ところが、利益至上主義の経営をすると、ステークホルダー不在の経営となり、一歩踏み外すと不祥事を起こすことになりかねません。そうなってしまうのは、「利益」と「仁義」の優先順位を逆にしているからです。

66

自分の仕事に「誇り」を持てるか？

今や武士道は移してもって
直《ただち》に実業道とするがよい。

経営品質の向上に役立つ「武士道」の教え

武士道とは何でしょうか。渋沢は主著『青淵百話』のなかで、「武士道とは何であるかというに、武士が他に対して自己の態度を決定すべき場合に、不善、不義、背徳、無道を避けて、正道、仁義、徳操《とくそう》につかんとする堅固なる道心、崇高なる観念であって、礼儀廉恥《れんち》を真髄とし、これに任侠《にんきょう》の意義を包含《ほうがん》させたもの」と述べています。整理しましょう。武士道は、次の三つから成り立っています。

①正道、仁義、徳操——これらの徳目をもって振る舞うことで、
②礼儀（秩序維持の行動様式）と**廉恥**（清らかで恥を知る心）が本質であり、
③任侠（道のために命を惜しまないこと）が加わったものである。

渋沢は、経営には「実業道」が必要で、武士道を流用することができると考えました。こうして「**士魂商才**」を唱えるに至ります。

しかし、肝心の実業家たちに武士道は人気がありません。なぜでしょうか。渋沢によれば、「武士道では利益が得られない」という誤解があるからだと言います。ただ、長い目で見れば、実業道（武士道）によって経営品質が上がり、利益へとつながります。

67

「人を活かす」から「お金も活かせる」

資本は万能ではない、
もっと大切なのは人である。

人材が力を発揮できるかどうかは、どこで決まるか？

〝マネジメントの神様〟と呼ばれたドラッカーは、岩崎弥太郎（三菱財閥創業者）と渋沢の二人を絶賛。彼らが明治の黎明期《れいめいき》における製造業の過半をつくったとし、「**岩崎は資本を説いた。渋沢は人材を説いた**」（ドラッカー『断絶の時代』）と指摘しています。

「資本は万能ではない、もっと大切なのは人である。資本の価値も、これを活用する人によって定まるのである」（『経済と道徳』）という渋沢の言葉は、ドラッカーの指摘を裏づけるものでしょう。渋沢は、資本そのものに価値を置いていません。そうではなく、活用してこそ資本価値が高まると考えたのです。

◎活用——資本をどう生かすかに価値がある。

◎人材——資本を生かせる人材（能力と倫理感がある人材）が求められる。

では、渋沢は資本をどう活用したのでしょうか。国家的事業や社会的事業に資金を投入しました。彼にとって追求すべきは、公共の豊かさでした。実業家には、お金の使い方についての見識が求められます。

68

やるべきことは「自分を磨く」こと

一身一家を治むる事ができずして、
国家社会のために尽さんとするのは、
本末を転倒している。

経営者が「徳」を持てば、会社は飛躍的に成長する

ある日、ひとりの活動家が渋沢に面談を求めました。その人に定収入はなく、社会の世話になりながら、社会活動に飛び回っていました。渋沢に向かうと、持論の社会政策を滔々《とうとう》と述べます。渋沢はひと通り聞き終えると、

「まず一身を修め、一家を治めてからにしなさい」

と、アドバイスしました。社会活動をする前に、**まずやるべきことは、自分を修養し、生活基盤を築くことだ**ということです。これは、儒教の基本書である『大学』に記されています。では、なぜ、自分を修養することから始めるのでしょうか。社会や組織をまとめるのは人であり、その人の徳がものを言うからです。

◎徳治——孔子などの儒家が説いたもの。リーダーの〝徳〟の力で治める方法。

◎法治——韓非子《かんぴし》などの法家が説いたもの。〝法律と罰則〟によって治める方法。

法治によって社会や組織をまとめようとすると、ギスギスします。徳治がなければ求心力が働きません。特に企業を動かすには、徳治が有効でしょう。そのためには、経営者が確固とした人間観や経営観を持ち、従業員たちの信頼を得ることです。

69

社会に恩返しするのが「金儲け」の道理

富豪が出るようでなければ国は富まない、
国が富めば必ず富豪ができる。

「社会なくして、誰も富むことはできない」ことを忘れない

道義にかなった利益や富なら、大いに求めていいというのが、渋沢の一貫した主張です。渋沢は、「富豪が出るようでなければ国は富まない」と、どんどん富豪が輩出することに期待を寄せました。この〝富豪輩出論〟の根拠は、二つに集約できます。

◎富豪の誕生は、国富のバロメーターである。

◎貧富の格差の解消に動くのは、富豪の義務である。

渋沢の念頭にあったのは、国が富むことです。そのためには実業家の働きが欠かせません。彼らの働きによって国が富めば富むほど、比例して富豪が誕生します。つまり、富豪の誕生は、国が富んでいることのバロメーターなのです。だから富豪の輩出を歓迎したのです。

ところが、富豪がどんどん輩出すると、その陰では貧困にあえぐ人びととの格差が広がっていきます。この問題について渋沢は、「自分さえ富めばいい」と考えるのは大きな誤りで、格差を解消することは富豪の義務だと言います。なぜなら、富豪はこの**社会なくして富むことができず、社会に恩返ししなくてはならない**からです。

伊藤博文。

西郷隆盛。

大久保利通。

8章

自分の磨き方

人に学び、人を活かす

70

どんな時代でも「信頼される人」の条件

如何に知恵があっても、
人情に淳樸《じゅんぼく》なところがないと、
悪い事をするようになりがちである。

心に「淳樸」の二字がないと、一流の人物から信頼されない

内閣総理大臣を務めた岸信介《きしのぶすけ》（一八九六〜一九八七）は、太平洋戦争が終結すると、A級戦犯の容疑を受けて巣鴨《すがも》拘置所に収監されました。

社会から隔離された三年間の拘置所生活のなかで、岸を慰め、激励したのは、渋沢栄一の『処世の大道』でした。千ページを越える本ですが、岸は熟読。七回読みました。そのうえで、右の渋沢の言葉を至言だと述べ、こうコメントしています。

「人情において淳樸、即ち飾りけがなく、策略がなく、ありのままの真心のあるものでなければならないとの翁（渋沢翁）の教えは、全く私共の拳々服膺《けんけんふくよう》（心に銘記し、つねに忘れないこと）しなければならぬところである」（岸信介『論語と渋沢翁と私』）

キーワードは、**淳樸**。①淳とは、水を注ぎかけるの意で〝**清く飾り気がない**〟こと。②樸とは、切り出したまま加工していない木の意で〝**ありのまま**〟ということ。

世俗で生きているうちに、人は自分をよく見せようと身を飾るだけでなく、心も飾って〝赤子《せきし》の心〟を失います。淳樸は、赤子の心に通じます。そんな心の大切さを、岸信介と同様に感じていたのは、維新の英雄たちだったでしょう。

71

明治維新の三傑に学ぶ「君子の風格」

非凡達識の人になると、
器らしいところはなくなってしまい、
奥底の知れぬ大量大度《たいりょうたいど》のところがある。

大久保利通、西郷隆盛、木戸孝允……「君子は器ならず」の意味

渋沢の著述である『論語講義』や『処世の大道』がおもしろく感じられるのは、同時代人である明治維新の英雄たちを縦横無尽に語っているからでしょう。

なかでも、**大久保利通**《おおくぼとしみち》、**西郷隆盛**《さいごうたかもり》、**木戸孝允**《きどたかよし》といった維新の三傑は、さすが三傑と崇《あが》められる人物であったようです。まず大久保利通ですが、彼は胸底に何を隠しているのか、真意を測り知ることができない人物だったそうです。西郷隆盛は、賢いのか愚かなのかわからないところがあり、賢愚を超越した将に将たる君子の趣があったと言います。木戸孝允は、凡庸の人でないことが一目でわかるという雰囲気がそなわった人物であったと評しています。

彼ら三傑に共通するのは、「**君子は器ならず**」(『論語』為政《いせい》篇)という風格です。容器には、なんらかの役に立つ用途があります。人で言えば、なんらかの役に立つ人は小人《しょうじん》です。これに対して大人《たいじん》である君子は、容器のようなものではなく、容器を使う人。と同時に、**君子は容器のように特定の用途において秀れているのではなく、奥底の知れないスケールがある人物**だ、ということでもあります。

72

伊藤博文の「聞いて聞かせる」話し方

議論のうえでは好んで他人と争われた伊藤公も、
私人としての交際のうえでは
決して他人と争われなかったものである。

議論は私事のためではなく、公のために交わすもの

維新の人物たちの中で、他人の話をよく聞いたのは、第三代内閣総理大臣となった山縣有朋《やまがたありとも》。その反対が、早稲田大学の創始者として知られる政治家・大隈重信で、彼は他人の話を聞かず、自分の意見を聞かせる一方だった、と渋沢は記しています。

そんな二人の中間が、初代内閣総理大臣となった伊藤博文。彼は〝**聞いて聞かせる**〟という議論をしました。伊藤が武器にしたのは、的確で鋭いロジックと、博引傍証《はくいんぼうしょう》（多くの例を引き、証拠をあげて論ずること）による議論でした。次の流れで議論を展開し、相手にウムを言わせなかった、と渋沢は観察しています。

①ロジックと博引傍証による議論で、相手をグウの音《ね》も出ないほどに論破する。

②相手が論破されて興奮すると、矛先を外して、落ち着かせる。

③落ち着いたら、再びロジックと博引傍証による議論で、承諾するまで説得する。

しかし伊藤は、議論のための議論を好んだのではありません。あくまで国を思っての論争でした。このように国事や公に関しては熱く議論を交しても、私人としては論争することはなかったそうです。ここに維新の元勲の偉さがあります。

73

物事には「悲観的に」、人には「楽観的に」

事に対しては、悲観的態度を取り、
人に対しては、楽観的態度を取るのを、
私の本領としておる。

井上馨の「ものの見方」、大隈重信の「人の見方」

第二次伊藤内閣で内務大臣を務めた井上馨のものの見方は、悲観的で、何事についてもそのデメリットを列挙するのが常でした。渋沢の官僚時代のこと。大蔵大輔の任にあった井上に対して、部下の渋沢は、

「井上さん、物事には両面があるものです。こんな肯定面がありますよ」

と説得したそうです。大隈重信はその反対で、何事にも楽観的でした。弊害よりも社会におよぼす効果や利益に目を向けた、と渋沢は観察しています。

では、渋沢はどうかというと、ベースを〝中庸〟に置きながらも、事柄には井上のように悲観的な態度を取り、他人に対しては大隈のように楽観的な態度を取りました。

◎「事柄」に対して悲観的なわけ――**悲観的準備によって万全を期す**ため。念には念を入れることが失敗を招かない最善策だ、と渋沢は経験から学んでいました。

◎「他人」に対して楽観的なわけ――人に対して最初から疑って接すると、うまくいく交渉も壊れやすい。**信じて接する方が相手から協力を得やすい**、という経験則があったから。ここには、渋沢流の人心掌握術がうかがえます。

74

維新の元勲が「いちばん大切にした教え」

維新の元勲らに、自らを富まさんとする念なく、
国家を思う念が先に立ったのは、
孔子教の感化に与《あずか》って力があったと思われる。

維新の元勲が、開国要求という国難に対峙できた理由

明治維新の元勲たちの念頭にあったのは、国家の興隆でした。そこには私心がありませんでした。渋沢は次のように評しています。

「(維新の元勲たちに)もし一身に富まさんとするごとき私心があったならば、維新の洪業《こうぎょう》(大きな事業)もかのごとく容易に遂げ得られなかったろう」(『処世の大道』)

では、なぜ、維新の元勲たちは国家を第一に考えたのでしょうか。

彼らに儒教の教養があったから、というのが渋沢の答えです。儒教は、**己を修め、人を治める**(修己治人)という学問であり、国を治め、天下を平和にすること(治国《ちこく》平天下《へいてんか》)を究極の目的としています。そんな儒教の教養が、維新の元勲たちをして一身の富貴栄達をかえりみさせず、身をもって国事に当たらせたのです。

アメリカが開国を迫るという江戸末期の国難を克服できたのは、江戸時代に培われた儒教の伝統によるものでした。渋沢は、欧米ではキリスト教が社会モラルの源泉になっている、と看破しています。これに対して、かつては儒教がわが国のモラルの根拠でしたが、**維新以後、その伝統が断ち切れてモラルが低下した**と嘆いています。

75

徳川慶喜の「すごい決断力」に学ぶ

慶喜公（徳川慶喜公爵）は
大人物ではなかったろうが、
公の決断力だけは非凡のものであった。

決断力は、ぶれない「軸」から生まれる

明治維新の人物では、十五代将軍となった徳川慶喜の決断力は、人に抜きん出たものがあったと渋沢。それは、次の決断に現れていたと言います。

①慶喜は、天下の形勢がどのように動いていくかを判断して、断固とした決意で〝大政奉還〟したこと。

②大政奉還すると、明治の新しい政府にはいっさいかかわらないことを決心し、〝趣味に没頭する余生を送った〟こと。

渋沢は、①の〝大政奉還〟は公平で非凡な決断力がないとできず、②はなんでもないことに見えるが、やはり決断力なしには成しえない、と評しています。

「自らこれと信ずるところがあって安心立命《あんしんりつめい》を得ている人は、国家の危機に際しても狼狽せぬのみか、殊《こと》にかかる際に処して明快なる決断を行い、自ら是《ぜ》と信ずるところに向かって進み得るものである」(『処世の大道』)

と、まとめます。軸がぐらついている人には、果断なる決断はできません。慶喜は、危機において形勢を見極め、確固たる信念で決断した人物だったのです。

76

冬の時代の「実りある過ごし方」

用いられぬため駄目になってしまうような人は、
用いられてもやはり駄目な人である。

腐らずに勉強を続ければ、いつかいい仕事に出合える

大意はこうです。「仕事から外されたり、登用されなかったくらいで、ふて腐れてダメになるような人は、仕事を与えられても役に立たないダメな人間である」

ある日、孔子は、愛弟子の顔回に向かって、こう語ったことがあります。

「任用されたら世に出て治国安民のことを行う。見捨てられたら、静かに隠れて暮らす。このように出処進退を心得ているのは、私とお前だけだよ」（『論語』述而《じゅつじ》篇）

登用されたり、仕事を与えられたら、どうするか。慌てることなく引き受けることです。そうできる人が偉い人です。なぜなら、そんな人は、**仕事がないときにいつでも引き受けられるだけの実力を養っていた**からです。

逆に、左遷されたり昇進しなかったときはどうするか。**人物を練る好機**だと受け止めて、勉強することでしょう。

渋沢は、維新の人物で出処進退の心得があったのは、徳川慶喜、西郷隆盛、西郷従《つぐ》道《みち》であったと言います。では、大久保利通、大隈重信、伊藤博文はどうか。彼らは、自分が用いられなければ、みずから進んで役目に就こうとしたと評しています。

77

九代目団十郎から「渋沢が学んだこと」

秀れた人物は、新しい発明をするもので、
九代目団十郎《だんじゅうろう》も従前の歌舞伎劇演出法に
一大変革を与え、一新紀元を画した。

新機軸を打ち出す人ほど、なぜ品行方正を重んじるのか？

明治時代に活躍した歌舞伎俳優の九代目市川団十郎《いちかわだんじゅうろう》（一八三八〜一九〇三）。

彼は、従来の荒唐無稽な演劇ではなく、時代考証を重視した演劇を上演して、歌舞伎を改革しました。同時に、歌舞伎俳優の社会的地位の向上にも努めます。同じ時代を生きた渋沢は、その業績に敬意を払い、**自分との共通点**を次のように語っています。

①新機軸――九代目団十郎は、歌舞伎の演出法に一大変革を与えました。同じく渋沢は、合本組織によって産業の振興をはかるという新機軸を打ち出しました。

「他人から手をとって教えられることばかり慣れてしまえば、**自分で発明するということが全くなくなってしまう**」（『処世の大道』）

と、**新機軸を打ちだす〝発明〟の意義**を強調しています。

②地位の向上――九代目団十郎は、町人の娯楽であった歌舞伎を、日本文化を代表する芸術にまで高めようとし、歌舞伎俳優の地位の向上を目指しました。このため、団十郎はみずから**品行**を慎みます。渋沢は、農工商業者の地位を高めるために『論語』をよりどころとし、みずからの修養を欠かしませんでした。

78

ビジネスで成功する「七つの常識」

事務家には
如何なる性格の人が最も適当であるかというに、
余は常識の完全に発達した人と答える。

結局、成功をつかむのは、偏りのない人物である

維新を経て、明治の社会に新たな秩序が生まれました。社会が安定してくると求められる人物像は変わってきます。渋沢は新たな人物像を〝常識人〟だとしました。そして、経済界で成功するには、次の要件をそなえることが必要だと語ります。

①実直――正直、親切で、徳義を重んじること。
②勤勉精励――仕事にまじめに精を出して励むこと。
③着実――事を処理するのに手抜かりがないこと。
④活発――事務をただちに処理し、停滞しないこと。
⑤温良――温順、善良で、謙譲の美徳があり、細かく行き届き、丁寧であること。
⑥規律を重んじる――会社の秩序を守れること。
⑦耐忍力――一度取りかかった仕事は、完成するまでやり抜くこと。

以上が安定した社会で成功する〝常識人〟の要件です。つまり、社会の安定度によって、求められる人物像は変わるということ。渋沢の若いころは、激動の社会でした。そんな不安定な社会をリードしたからこそ、新たな人物像を提案できたのです。

79

渋沢流「人を見抜く三つの視点」

視、観、察の三つをもって、
人を識別せねばならぬものだというのが、
孔夫子《こうふうし》（孔子）の遺訓である。

人物を見抜くための、孔子の〝三層一体〟の観察法

詐欺に引っかかる人は、相手の一部しか見ていないことが多いものです。渋沢は、人を見抜くのに複合的な目を用いました。それが**孔子の〝三層一体〟の観察法**です。

「その以《な》す所を視《み》、その由《よ》る所を観《み》、その安《やす》んずる所を察すれば、人焉《いずく》んぞ廋《かく》さんや、人焉んぞ廋さんや」(『論語』為政《いせい》篇)

現代語訳――「人を見抜くには、そのおこなっていることを注視し、その動機を観取し、その安心しているところを察知すれば、その性質は隠せるものではない」

①視――「以す所=**外面に表われた行為**」を視ること。

②観――「由る所=**その行為の背景にある動機**」を観ること。

③察――「安んずる所=**その行為によって得られる満足**」を察すること。

日ごろから渋沢はこの観察法を用いました。視で〝行為〟、観で〝動機〟、察で〝得られる満足〟という三層を関連づけてこそ、人物がわかるということです。ポイントは、三層を総合すること。視、観、察をバラバラに、どれかひとつを見ると、巧妙な相手には騙されることがあると用心することです。

80

人間、「小さい丸より、大きい三角」がいい

人間には円《まる》くとも、
どこかに角がなければならぬもので、
あまり円いとかえって頽《ころ》びやすい事になる。

渋沢が八十三歳で関東大震災後の復興に立ち上がった理由

大正十二（一九二三）年、死者十万余にのぼった関東大震災で、渋沢は兜町《かぶとちょう》の古い事務所で被災。危ないところを脱することができました。いまの飛鳥山《あすかやま》公園にある渋沢の家は無事で、都心から焼け出された群集の流れが門前の芝生を埋め尽くしていました。余震が続くなか、渋沢は横になると、すぐにいびきをかき始めます。

「なるほど、**大きな仕事をする人は、無駄な神経を使わない**ものだ」

隣で眠れずにいた子息の渋沢秀雄は、あらためて感じ入ったそうです。

翌日、玄関の前で椅子に腰かけた渋沢は、八十三歳という高齢でしたが、大勢の人たちに善後策を指示します。秀雄は兄と相談し、郷里に避難するようすすめますが、

「私のような老人は、こんなときに働いてこそ、生きている申し訳が立つというものだ。それを田舎へ行けなどとは、卑怯《ひきょう》千万な……。これしきのことを恐れて、八十年も生きてこられたと思うのか」

とピシャリと遮り、大震災善後会副会長や、帝都復興審議会委員として活動します。円いと言われた渋沢が、**いざというときには有無を言わせぬ行動**を取りました。

人生の指針として、『論語』を終生手放さなかった。

9章

論語の読み方

人生に役立つ「実学」の教え

81

渋沢栄一に学ぶ『論語』の正しい読み方

論語はただ無意味に読むだけでは、
骨董いじりと同じことである。

目的をもって『論語』を開くと、答えが与えられる

右の言葉は、「ただ漫然と『論語』を読むだけでは、ご隠居が骨董をいじっているようなもの。個人の趣味でしかない。ところが、目的を持ってページを繰ると、『論語』は大きく応えてくれる」ということです。

知識を生かす〝活学〟の視点で『論語』を読むことを勧めた言葉です。渋沢が携帯したのは、**『ポケット論語』**でした。これは、第一生命の創業者である矢野《やの》恒太《つねた》が、社員教育のために私家版として発行していたものです。

渋沢は、何か問題が発生すると、すぐに『ポケット論語』を取り出して、手当たり次第にページをめくりました。そうすることで思いを巡らし、答えを得ようとしたのです。何冊も『ポケット論語』を読みつぶしたそうで、ボロボロになると矢野から新しい本をもらいました。ポイントを整理しておきましょう。

◎目的を持たずに『論語』を読むのは、趣味のようなもの。
◎問題が発生したら、答えが得られるまで、ページをめくる。

この章では、どう『論語』を読むべきか、具体的に見ていきましょう。

82

真理は、つねに「平凡のうちにある」

孔子のごとき円満なる凡人の典型にして、その学説が今日に伝えられ、尊重されているのは、偉大なる真理であるためである。

孔子の「平凡に気づく非凡さ」

孔子の生きた時代は二千五百年前です。そのころの日本は、縄文時代の晩期に当たり、有史以前です。中国ではすでに統治社会が形成されていたものの、迷信がはびこっていました。中央大学名誉教授の宇野茂彦《しげひこ》は、孔子を次のように評しています。

「そのような時に、以後の世を通じて今に至るまで十分通用する道徳を述べたことは、偉大でなくてなんであろう。**真理は常に平凡のうちにあるが最初にそれに気づくことは非凡である。**孔子の偉大さはまさにそこにある」（宇野茂彦『孔子ものがたり』）

ちなみに、宇野茂彦の祖父である東洋学の碩学《せきがく》・宇野哲人《てつと》（一八七五―一九七四）は、若いころ、渋沢に請われてその一族に『論語』を講義しています。

右の言葉を要約すると、「円満な凡人である孔子が、偉大な真理を説いて尊重され、今日に伝わっている」となります。今日に伝わっているとは、二千五百年の歴史によって検証された真理だということ。しかも偉大すぎる人物ではなく、**円満な人物が説いた真理**だから、渋沢は、安心して『論語』を近代日本の経済界や企業経営の指導理念にすることができたのでしょう。

83

まずは、気軽に「門」をたたいてみる

孔子の教えは
誠に凡庸であるけれども、深遠である。
高尚《こうしょう》であるけれども、ごく卑近《ひきん》である。

「凡庸で深遠」「高尚で卑近」な孔子の教え

右の言葉で渋沢は、孔子の教えの特徴を「凡庸で深遠」「高尚で卑近」だと語っています。では、弟子はどう感じていたのでしょうか。門弟第一の秀才とされる、愛弟子の顔回の孔子評（『論語』子罕篇）を、渋沢の『論語講義』から要約します。

「先生（孔子）は順序よく人を導いて道に入らせてくださる。書物で私を広めてくれ、その要約として礼を教えてくださる。このように感化されて、学問をやめようと思ってもやめられず、もはや私の心力を尽くしているのだが、先生はまるで足場に乗っているかのように高みに立っておられ、ついていきたいと思っても手立てがないのだ」

孔子の門をたたくと、順序よく教えてくれるという卑近さが感じられます。しかし、感化されて学ぶとその教えは高みにあって高尚だ、と顔回は詠嘆しています。

このように「凡庸」「卑近」という **〝俗〟な側面**と、「深遠」「高尚」という **〝聖〟なる側面がひとつに溶け合っている**ところが、孔子の深みでしょう。これは、前項の「円満な凡人が説く、偉大な真理」と通じるものがあります。

とは言え、『論語』の入りやすさに安心して、**気軽に孔子の門をたたく**ことです。

84

「喜んで喜び過ぎず、悲しんで悲しみ過ぎず」

孔子はその一生を通じて、
喜んで喜び過ぎたり、また悲しみ過ぎて
我を忘れるような事はなかった。

虚飾に流れない「孔子の生き方」

愛弟子の顔回を若くして亡くしたとき、孔子は「天は私を亡ぼした」と嘆き悲しみ、弔問に行った際には慟哭《どうこく》します。同行した門人は、「先生は悲しみ過ぎておられた」と、その異例であることに驚きました。というのは、孔子は日ごろから〝過ぎてはならない〟と教え、**みずからも過ぎるという振る舞いはなかった**からです。

顔回の父（父も孔子の弟子）は、「内棺は用意できましたが、外棺をつくれず、先生の車を頂戴できませんか」と孔子に願い出ます。要は、貧乏なので外棺をつくることができず、車を売った代金をあてたいという意味です。孔子は、「自分の息子が亡くなったときにも外棺をつくらなかったのは、大夫《たいふ》の末席に就いていて、徒歩で出入りすることができなかったからだ」と穏やかながら、きっぱり断っています。

このエピソードを、渋沢は次のように解説します。①人はその本分を守り、外棺をつくるという〝虚飾〟に流れてはならないことを教えたものである。②孔子は弔問の際には慟哭したものの、**全体としてみれば節度を失っていない。**つまり、喜んで喜び過ぎず、悲しんで悲しみ過ぎずという〝中庸〟を欠くことはなかった、と。

85

なぜ、渋沢は「孔子の教えに生涯を懸けたか？」

仁は人類社会の幸福増進を目的として
説かれたもので、孔子の真意は
この人類の幸福増進のほかにはなかった。

孔子が語る「聖人の仁による実践」に学ぶ

ある弟子が、「もしも広く人びとに施しをして、よく人びとを救う者があれば、仁《じん》者《しゃ》と言えるでしょうか」と、孔子に問いました。孔子は、

「そのような人は仁者どころではない。間違いなく聖人だ。古代の聖人である尭《ぎょう》や舜《しゅん》でさえ、なおそのことを気がかりにされていたのだ」(『論語』雍也篇)

と答えます。この事例から、仁者と聖人の違いがわかります。

◎仁者——徳がそなわった人格者。

◎聖人——人格者であるうえに、仁による政治や事業によって社会に施こすという功績を立てた人。つまり、**〝仁による実践〟**を行っている人。

孔子の答えで注目すべきは、古代の聖人である尭や舜は仁を実践しただけでなく、その結果、人びとが幸せになったかどうかを気にしていたという点。

つまり、聖人の思いは、仁を実践するというプロセスだけでなく、結果責任までおよんでいるということです。渋沢は生涯をかけて公共のために貢献し、結果を出そうとしました。その姿は、聖人に近いのではないでしょうか。

86

二千五百年の歴史に鍛えられた「生き方の知恵」

孔子に対して
信頼の程度を高めさせるところは、
奇跡が一つもないという点である。

「現世」を生き抜くための孔子の教え

人間の生き方についての教えは、西村茂樹《にしむらしげき》（明治期の啓蒙思想家）によると、大きく二つに分けられます。世教《せきょう》（世俗の教え）と、世外教《せがいきょう》（世俗を離れた教え）です。

①世教――自分の身を修めることや、社会のあり方についての教え。現世（この世での生き方）に焦点を当てる。ここには、儒教や西洋哲学が含まれる。

②世外教――現世のことも扱うけれども、この教えが帰着するところは、未来の応報であり、死後の魂のこと。ここには、仏教やキリスト教が含まれる。

世教が説くのは「道徳」です。これに対して、世外教は「信仰」を説き、その説には多くの奇跡が含まれます。渋沢が儒教（世教）に信頼を置いたのは、「孔子の教えに奇跡がない」からです。あるとき、〝死〟について問われた孔子は、

「まだ生のこともわからないのに、どうして死のことがわかろうか」（『論語』先進篇《せんしん》）

と答えました。このように儒教は現世に焦点を当てました。渋沢が「**人間の守る道としては孔子の教えがよいと思う**」（『渋沢百訓』）と語ったのは、儒教は二千五百年の歴史に鍛えられた現世についての教えであり、人間社会の規準になるからです。

87

『論語』を規準にすれば、大過なく一生を過ごせる

心に迷いを生じた時に、
論語の教訓を尺度にして批判しさえすれば、
人は大過なき一生を送り得らるる。

『論語』の勉強には、渋沢の『論語講義』から入るのがベスト

「困った事態に直面し、どうすべきかと迷ったら、論語を手に取ることだ。論語には約五百もの条文がある。これらを尺度にして判断すれば、人は大きな過ちをおかすことなく一生を無事に送ることができる」という意味です。

大過なく一生を過ごせる——と渋沢は『論語』を勧めました。ところで、『論語』をものさしにするうえであまり意味がないのは、現代語訳だけで読むこと。まったく意味がないのは、超訳で読むこと。現代語訳した時点で、すでに解釈が入ってしまい、ものさしには不向きです。**急がば回れで、漢文の論語と向き合うこと**です。

すると、読解力が必要になりますが、『論語』は短い言葉の寄せ集めで、格言を読むようで意外に楽しめます。馴染みがある言葉や、わかりやすい言葉から読み進め、読んだら、現実の問題に当てはめてみてはどうでしょう。やっているうちに、次第に『論語』がみずからの尺度になっていくのが実感できるはず。

渋沢が遺してくれたものに、『論語講義』という大著があります。渋沢の思想と体験から一貫した解釈をし、ものさしの実例集になっています。

88

「いまの時代にすぐ役立つ」論語の読み方

論語の解釈はすべからく時代に当てはめて、これを適応するように解釈すべきであって、字句に拘泥《こうでい》すべきでない。

●『論語』の教えを、時代に当てはめて解釈することが大切

仕事や実生活で『論語』を規準にするとき、頭を悩ますのは、『論語』をどう解釈すればいいかということです。渋沢は、右の言葉で、『論語』の解釈の仕方をこう教えます。**①時代に当てはめて解釈する。②字句にこだわるべきでない。**

『論語』は孔子の言行録です。元々の言行録には三種の異本があり、一本化されたのは漢の時代です。この時代に『論語』の解釈はほぼ固まりました。が、その後も解釈は延々と続きます。なかでも、宋の時代の「新注」は大きな影響を与えました。渋沢が携帯した『ポケット論語』は、この新注を採用しています。

②の「字句にこだわるべきでない」とは、こうした解釈の歴史にこだわらない読み方をすることです。実務家である渋沢の読み方は、字句をひねくりまわすことなく、『論語』を現代という時代に置き換えて、**いま、この時代の指針にする**ことでした。

渋沢がみずからの時代を生きるにあたって、『論語』を解釈した本があります。『処世の大道』です。『論語講義』の縮小版というイメージながら、時代評になっているユニークな一冊。岸信介が七回も熟読した名著です。

89

『論語』は、実践すればするほど役に立つ

論語は実によく出来てる経書で、ことごとくこれ撃てば響くの概《がい》あり、その間《かん》に空理空想がほとんどない。

『論語』は現実の問題に対して「打てば響く」

世の中にはいろいろな理論がありますが、ほとんどは、前の理論に対する「矯弊論《きょうへいろん》（先行する理論の誤りを正そうとする理論）」です。たとえば、意識を重んじた「唯心論」が盛んになると、その理論の弊害を正そうとして「唯物論」が唱えられます。

しかし、渋沢は、どちらの理論も一方に偏っていて使いものにならないと切り捨てます。唯一、『論語』だけがそうではありません。

「**論語には毫《ごう》もかかる反動的な矯弊《きょうへい》的傾向を帯びた趣なく、悉《ことごと》く実際に処する意見ばかりである**」（『処世の大道』）

と、実務家の立場から評価します。つまり、『論語』は、対抗する理論をあげつらうことをせず、ひたすら現実社会に向き合っているのです。儒教の古典には、ほかに『孟子』があります。『孟子』には経済策がずいぶんと説かれているものの、渋沢は、「理想論に傾く弊があり、これを読んでもすぐ行い得られぬ」（同書）

と、冷ややかです。ただ『論語』だけが、奇跡的に**現実の問題に対して打てば響く**という働きをするのです。ここに渋沢が『論語』を規準とした根拠があります。

主な引用・参考文献

漢字や仮名づかいを現代表記に改めるとともに、読みやすくするために一部の漢字をひらがなにし、送りがなや句読点を整理した。また、意味を損なわない範囲で、文章を約めた。渋沢栄一の年齢表記は原則として満年齢である。

渋沢栄一『渋沢栄一全集』（全六巻）平凡社
渋沢栄一『青淵百話』同文館
渋沢栄一『渋沢百話』角川学芸出版
渋沢栄一『処世の大道』実業之世界社
渋沢栄一『論語と算盤』忠誠堂
渋沢栄一『経済と道徳』日本経済道徳協会
渋沢栄一『論語講義』講談社
渋沢栄一『論語を活かす』明徳出版社
渋沢秀雄『渋沢栄一』時事通信社

渋沢秀雄『明治を耕した話』青蛙房
渋沢秀雄『父　渋沢栄一』実業之日本社
渋沢青淵記念財団竜門社編『渋沢栄一訓言集』国書刊行会
土屋喬雄『渋沢栄一』吉川弘文館
岸　信介『論語と渋沢翁と私』実業之世界社
伊藤仁斎（貝原茂樹、内藤戊申、伊藤道治訳）
『論語古義』（貝塚茂樹『日本の名著　伊藤仁斎』中央公論社所収）
荻生徂徠（小川環樹訳）『論語徴』平凡社
宇野茂彦『孔子ものがたり』斯文会
星川清孝『古文真宝（前集）上』明治書院
正岡子規『病牀六尺』岩波書店
西村茂樹『日本道徳論』岩波書店
P．F．ドラッカー（上田惇生訳）『断絶の時代』ダイヤモンド社

渋沢栄一　略年譜

一八四〇年（天保十一）　二月十三日（旧暦）、武蔵国榛沢郡血洗島村（現・埼玉県深谷市）に、父・市郎右衛門、母・栄の長男として生まれる。

一八四五年（弘化二）　五歳から、父より読書を授けられる。また、七歳から、従兄の尾高惇忠より四書五経などを学び、学問に傾倒していく。漢書のほかにも、通俗三国志や、里見八犬伝などを夢中で読む。

一八五六年（安政三）　十六歳　父の名代で陣屋に出頭。不合理な御用金を申し付けられ、官尊民卑の社会に怒りを覚える。この二年後に、尾高惇忠の妹・千代と結婚。

一八六三年（文久三）　二十三歳　尾高惇忠らと倒幕決起を計画するが、惇忠の弟・尾高長七郎の説得により中止し、京都へ逃れる。翌年、一橋家に出仕し、家政の改善に努める。

一八六七年（慶応三）　二十七歳　徳川慶喜の弟・昭武に随行してパリ万博に参加するため、フランスに渡航。欧州諸国の実情を見聞し、①株式会社制度、②民主主義社会、③トップセールスの三つを驚きをもって摂取する。

一八六八年（明治元）　二十八歳　大政奉還により帰国。慶喜と静岡で面会。翌年、静岡にて、初の株式会社「商工会所」を設立。まもなく大隈重信に説得され、民部省（大蔵省）租税正《そぜいのかみ》に就任。東京・湯島に転居。

一八七二年（明治五）　三十三歳　財政改革の主張が入れられず、井上馨とともに辞職。第一国立銀行を開業。商工業の振興によって国家を繁栄させようと志す。以降、日本郵船、王子製紙、東京瓦斯、札幌麦酒など五百余の営利会社に関与。また一橋大学などの教育事業、国際親善、社会事業など六百余に関与する。

一八八二年（明治十五）　四十二歳　妻・千代死去。翌年に伊藤兼子と再婚。

一九〇〇年（明治三十三）　六十歳　実業家では初めてとなる男爵を授与される。また後年、八十歳で子爵を授与される。（他の大実業家は男爵止まりであった）。

一九二三年（大正十二）　八十三歳　関東大震災の復興に尽力する。大震災善後会副会長、帝都復興審議会委員を務める。

一九三一年（昭和六）　九十一歳　十一月十一日永眠。享年九十一。

本文DTP　宇那木孝俊

写真　国立国会図書館「近代日本人の肖像」他
(https://www.ndl.go.jp/portrait/)

本書は、イースト・プレスより刊行された『渋沢栄一　逆境を生き抜く言葉』を、
文庫収録にあたり再編集のうえ、改題したものです。

渋沢栄一（しぶさわ・えいいち）
一八四〇年、現在の埼玉県深谷市の豪農に生まれる。幕末の動乱期には尊皇攘夷論に傾倒、のちに一橋家に仕える。ヨーロッパ各国を視察して帰国後、大蔵省租税司、大蔵権大丞を歴任。辞職後は実業に専心し、第一国立銀行（現、みずほ銀行）の創設をはじめ、実業界の第一線から退くまで五〇〇あまりの会社の設立・経営にかかわり、日本の資本主義的経営の確立に大いに貢献した。晩年は社会・教育・文化事業に力を注ぎ、東京高等商業学校（現、一橋大学）等の設立を斡旋し、東京市養育院等の各種社会事業にも広く関係した。

池田 光（いけだ・ひかる）
一九五五年、兵庫県生まれ。経営コンサルタント。天風哲学の実践・指導において活躍。心身統一法をもとにした独自の成功哲学によって、ビジネスパーソン、一般人のための実力向上に画期的な成果を上げる。また企業の経営戦略、組織開発の分野で多大な実績を残す。著書に、『中村天風　怒らない　恐れない　悲しまない』（三笠書房《知的生きかた文庫》）など多数がある。

知的生きかた文庫

渋沢栄一《しぶさわえいいち》　焦《あせ》らない　悔《く》やまない　心配《しんぱい》しない

著　者　渋沢栄一《しぶさわえいいち》
解説者　池田《いけだ》　光《ひかる》
発行者　押鐘太陽
発行所　株式会社三笠書房
〒一〇二-〇〇七二　東京都千代田区飯田橋三-三-一
電話〇三-五二二六-五七三四〈営業部〉
　　〇三-五二二六-五七三一〈編集部〉
https://www.mikasashobo.co.jp
印刷　誠宏印刷
製本　若林製本工場

ISBN978-4-8379-8836-6 C0130

知的生きかた文庫

気にしない練習

名取芳彦

「気にしない人」になるには、ちょっとした練習が必要。仏教的な視点から、うつうつ、イライラ、クヨクヨを〝放念する〟心のトレーニング法を紹介します。

スマイルズの世界的名著

自助論

S.スマイルズ 著
竹内 均 訳

「天は自ら助くる者を助く」――。刊行以来今日に至るまで、世界数十カ国の人々の向上意欲をかきたて、希望の光明を与え続けてきた名著中の名著！

超訳 孫子の兵法「最後に勝つ人」の絶対ルール

田口佳史

ライバルとの競争、取引先との交渉、トラブルへの対処……孫子を知れば、「駆け引き」と「段取り」に圧倒的に強くなる！ ビジネスマン必読の書！

超訳 般若心経 〝すべて〟の悩みが小さく見えてくる

境野勝悟

般若心経には、〝あらゆる悩み〟を解消する知恵がつまっている。小さなことにとらわれず、毎日楽しく幸せに生きるためのヒントをわかりやすく〝超訳〟で解説。

中村天風 怒らない 恐れない 悲しまない

池田 光

人生にマイナスの出来事が起きても、心が積極的であれば、解決したも同然。怒らない、恐れない、悲しまない――。これほど、「熱く、やさしく、面白い」成功法則はない！

C50275